JOCELYNE SAUVARD

YACINE VEUT JOUER AU FOOT

LIRE C'EST PARTIR

YACINE VEUT JOUER AU FOOT

www.lirecestpartir.fr
ISBN 2-35024-149-1

LE BALLON DU DÉSERT

Comme tous les garçons Yacine aime l'aventure, et le foot est sa passion. Son surnom c'est Zizou, allez savoir pourquoi ! En hommage à un immense joueur ? Au village il a créé un club, qui porte aussi ce nom illustre, Le « Zizou club », et c'est lui le président.
Il habite une petite maison de terre aux portes du désert près de Ghardaïa, l'école est une simple pièce blanchie à la chaux. Ses parents viennent de Kabylie et il a trois sœurs : Samia, Nadia et Nedjma. Avec leurs yeux comme des étoiles noires, elles sont jolies et connaissent les langues étrangères, les mathématiques et toutes sortes de jeux. Juste un peu agaçantes quand elles se prennent pour des grandes personnes. Tout ça parce que leur menton arrive au-dessus de ses boucles ! Sa préférée, c'est Nedjma, son aînée, ils jouent ensemble et elle lui raconte des histoires. C'est lui, Yacine, le benjamin. Pas très grand, ni excessivement musclé, mais fin et robuste. Et ses yeux ressemblent à deux morceaux de ciel quand il tourne à l'orage, ses cheveux scintillent au soleil comme du

sable fin et sa rapidité pour bloquer la boîte devant les buts n'est plus à prouver. Son ami, c'est Nur Uyuni. Deux ans de plus que lui, petit mais costaud, bossu mais rusé, Nur Uyu a des yeux tournés l'un vers l'autre, ce qui fait dire aux gens qu'on ne sait jamais où se dirige son regard. De cela, les garçons s'en moquent. Eux savent bien que même si leur trajectoire fait l'école buissonnière, ses yeux ne suivent qu'une seule chose : le Ballon de Foot, c'est-à-dire la boîte d'harissa.

Il faut préciser que Nur Uyuni est un surnom qui signifie « lumière de mes yeux ». Son vrai nom est Mustapha. Mais qui songerait à le nommer ainsi, alors que tout le jour, on entend ce mot modulé sur tous les tons par Aziza, sa mère : « Nur Uyuni, lumière de mes yeux, viens, viens manger des beignets ! » Nur Uyu accourt et s'en barbouille les joues. Pour Aziza, c'est incontestablement le plus bel enfant du village et sa bosse est un cadeau du ciel. Nur Uyuni est donc sans angoisse. D'ailleurs, Yacine qu'il a interrogé un jour de doute – les enfants de l'école s'étant moqués – a été formel : « Pour notre maman qu'on soit bossu, borgne, nain ou géant, on est ce qu'il y a de mieux. » Yacine qui lit des livres sait ce qu'il dit.

Leila, la maman de Yacine, lit aussi des livres et elle est belle comme le jour avec ses longs cheveux et son regard dans lequel passent des voiliers et des nuages, des hachures de pluie, des gouttes roses et bleues comme sur les bords du bidon bleu quand elle remonte l'eau du puits. Et des rayons de soleil quand il se pose sur ses enfants.

En outre, toutes ces considérations sur le beau et le pas beau, Yacine et Nur Uyuni s'en fichent éperdument. On l'a dit, c'est bien moins intéressant que les figures géométriques qui ornent le ballon de leurs rêves. Celui qui peut-être, un jour prochain, les mènera à la victoire aux JO de Londres. En effet, son cousin a entendu à la télévision, chez lui, que les enfants du monde pourront y jouer dans la catégorie « poussins ». Tous les soirs, donc, ils s'entraînent.

Si cela arrive, tous les habitants du village en rayonneront avec eux de fierté. Il faudrait pouvoir VRAIMENT jouer au foot.

Leur village, refermé sur ses petites maisons blanches à portes bleues, se dresse à la lisière du désert qui ondule sans rien qui vienne troubler ses vagues de sable. Beige ou rose, taché seulement de clair par l'acacia, l'arbre à chacal à floraison rose, ou encore par le chameau blanc. Le désert est comme un océan.

Pour l'instant, les matchs de foot ne s'organisent donc pas comme ailleurs dans le monde sur un grand gazon vert mais sur le sable devant la fontaine.

Entre les poteaux plantés par Lakdar, l'un des hommes les plus forts du monde d'après Yacine (ce qui n'est peut-être pas tout à fait objectif car Lakdar, c'est son père). C'est Lakdar qui a manié la pioche et fiché en terre les piquets gigantesques. Lui qui a tracé à la chaux les limites du terrain. Et même la « surface de réparation », qui porte si bien son nom. Il a beaucoup joué au football, il aime ça. Et il a expliqué les règles à Yacine. De temps en temps, il entraîne les enfants. Dans ces cas-là, le jeu est un peu plus difficile. Plus précis. Mais c'est bien.
Goal volant, Yacine n'est pas mécontent de ses plongeons à l'horizontale qui plaquent sans pitié le ballon au sol. Et si le sable lui pique les yeux, la bouche, craque sous ses dents, lui dessine des moustaches, le ballon reste prisonnier sous son étreinte de fer.
Cette technique plonge Nur Uyuni dans des abîmes d'admiration, mais aussi de tristesse. Car il a beau courir à toute vitesse, toujours le pied droit crochète le gauche, toujours l'œil droit semble dire au gauche « c'est moi qui l'ai vu le premier », une dispute s'engage entre les deux et, avant que les comptes ne soient réglés, le ballon a filé sous son nez. Et Nur Uyuni se retrouve dans la poussière, à ravaler ses larmes.
Sa seule consolation est d'avoir été nommé arbitre par Yacine. Maintenant, le ballon coincé dans la

couronne du bras, il caracole d'une équipe à l'autre. À droite, il jette un coup d'œil terrible sur les supporters, à gauche, il guette sa mère, postée les poings aux hanches devant la fontaine et qui l'encourage : « Nur Uyuni, lumière de mes yeux, petit soleil de ma vie, c'est toi le plus grand des footballeurs ! » Les supporters sifflent. On ne sait si c'est par sympathie ou par moquerie, qu'importe. Ils sifflent. Et Nur Uyu se sent invincible. Il sait que l'attendent à la maison, les « doigts de lumière » moelleux comme des dattes et des cornes de gazelle ennuagées de sucre. Et les beignets, évidemment. Tout à l'heure, il s'en barbouillera les doigts, éventuellement les cheveux, et à coup sûr la djellaba.

Mais les supporters s'impatientent :

« Alors, Nuruyo, tu te prends pour Ronaldo ? » Ou encore : « Regardez Nur Uyunane qui se la joue comme Zidane dans le temps ! » Ou encore : « Voilà que Nuruya rivalise avec Milan Kaka ! Il veut être sélectionné pour les JO de Londres et remplacer Zhu ! »

Sous les sarcasmes, Nur Uyuni est donc obligé d'abandonner le ballon au profit du sifflet, dont il use avec dignité, et peut-être même avec une certaine majesté. Attaquants et défenseurs piaffent d'impatience. Seul Yacine, fidèle au poste, ou plutôt au but, garde son calme. Un vrai pro. Ce qui lui a

valu, on ne sait pourquoi le surnom de Zinédine et, finalement, du diminutif Zizou. Pour être précis, au départ, c'est son cousin Jamel de Paris-Belleville qui l'a appelé ainsi. Le reste, on le sait, s'est fait tout seul, il a créé le club. Et sur l'histoire du foot, Yacine est imbattable. Et un jour, enfin, il a eu un VÉRITABLE BALLON.
Et ce ballon a une histoire qui mérite d'être contée.

Il a été apporté par Jamel aux vacances de juillet et il vient de très loin. De l'autre côté de la mer bien bleue, de l'autre côté des montagnes si blanches et des plaines jaunes et vertes. Là-bas, dans ce pays si coloré où vivent Jamel et ses parents, oncle Kateb et tante Léa, au bout du bateau et de la voie ferrée. Là où s'étend une ville immense, si grande que c'est la capitale. Et au nord de cette capitale, se dresse une colline verte couverte de maisons plus grandes que le minaret d'El Gamil, plus massives que les ksour, les châteaux-forts du désert. Ces maisons s'appellent des tours. Elles n'ont pas la moindre fantaisie sauf, à leurs pieds, de petites boutiques qui proposent de la menthe et des pois chiches, et aussi des verres bleus pour boire le thé.
Cette colline s'appelle Belleville. Et il s'y passe des choses incroyables, des aventures, des bagarres, car elle est parfois visitée par des êtres aussi bizarres

qu'effrayants : les Malabars. Mais cette information, Jamel – qui raconte l'histoire du ballon – la réserve pour la nuit. Le jour il dit juste que sur cette colline s'étend un parc rempli de tonnelles de roses, de massifs touffus et de toboggans géants.
Quand le cousin Jamel, un CM2 originaire de Belleville, vient passer ses vacances au bled, il décrit toujours en premier les toboggans géants. Et toujours un silence absolu accueille ses paroles.
« Tu montes une échelle interminable, déclare-t-il en écarquillant les yeux comme des olives noires. Arrivé au sommet, tu jettes un coup d'œil, et OUAIS, le vertige ! Tout près, tu vois la tour Eiffel, haute comme trois montagnes. Tu glisses à une vitesse vertigineuse. Vertigineuse », répète-t-il en pointant le doigt.
À ces mots, tous les yeux s'ouvrent sous les cils si noirs qu'ils paraissent mouillés.
« Et après une descente olympique, reprend le cousin en brandissant son poing fermé, tu atterris sur un tas de sable pas plus gros que cette poignée. »
Un pays où il n'y a pas de sable !… Incroyable !
Il faut attendre la nuit et le secret de la chambre fermée pour qu'il fasse le récit terrifiant des méfaits des Malabars et que les yeux de Yacine s'écarquillent dans l'ombre.
Yacine et Nur Uyu brûlent du désir de connaître un

endroit pareil. Un jour le bus, puis le bateau, enfin le train, emporteront Yacine chez le cousin Jamel. Pour Nur Uyu, c'est moins sûr. Ou alors dans très longtemps. Enfin, qui peut prédire l'avenir ? En attendant, ils jouent au football avec le ballon que le cousin Jamel, au village pendant les vacances de juillet, a apporté.

On l'a dit : jusqu'à ce jour béni, Yacine et Nur Uyu n'avaient qu'une vieille boîte de conserve toute cabossée pour jouer au foot. Sur l'étiquette, on distinguait encore des piments rouges nimbés d'une épaisse fumée et, au-dessus, l'inscription disait : « Harissa, j'te dis que ça. » Aussi étaient-ils dévorés par l'envie de posséder un ballon. Un vrai. C'est à la fin des vacances, alors qu'il bouclait sa valise, que Jamel avait regardé Yacine au fond des yeux et lui avait dit en posant une main sur son épaule :
« Zizou, goal volant, le ballon de foot est à toi ! »

Le soir, Yacine tire de l'eau au puits et baigne ses écorchures, espérant toujours qu'il finira par retrouver sa blancheur criblée de fleurs noires, même si le ballon se fait vieux. La nuit, il dort avec, la tête contre la boule dure, un bras l'entourant, comme font, dans les pays froids, les enfants avec leurs peluches. Et l'autre bras est occupé à diriger le pouce vers la bouche. Car on a beau être un grand joueur de foot, et même un goal volant, un pouce pour s'endormir ça ne peut pas faire de mal. Même si on a atteint l'âge de raison. C'est également le point de vue de maman qui n'y trouve rien à redire. Elle sait bien que cela aide à écouter l'histoire qu'elle est en train d'inventer. Et Yacine en a la preuve qu'elle l'invente parce que s'il retire son pouce pour lui dire que la sorcière ou le djinn font trop peur, elle répond toujours :

« C'est alors que la sorcière se transforme en une belle princesse aux cheveux d'une longueur telle qu'ils traversent son palais comme une source. »

De même, quand après un mauvais rêve – mystère inexplicable –, le lit de Yacine est mouillé, elle dit toujours :

« C'est la pluie qui miraculeusement est tombée cette nuit sur le matelas. Sans bruit, elle a traversé le toit, pour bénir mon Yacine. »

Quoi qu'il en soit, une fois par semaine, le samedi, Nur Uyu a le droit d'emporter le ballon chez lui. Et de dormir avec. Il le rapporte à Yacine le dimanche matin et un match s'organise devant la fontaine.

Les jours coulent donc tranquillement pour Yacine et Nur Uyuni. On peut même dire que dans l'ensemble ils mènent une existence sans problème. Même si, par-ci, par-là, il y a quelques obligations à respecter, la discipline à l'école par exemple, les devoirs et les contrôles, la politesse avec les grandes personnes… mais c'est la vie.

Un beau jour, branle-bas de combat au village. Il est arrivé un nouveau. Un grand. Costaud. Et riche. Son père a la Peugeot avec les banquettes rouges. Et une épicerie qu'il vient d'ouvrir. Bourrée de sacs qui débordent de fruits secs et de semoule. Devant la porte, il y a même une étagère qui supporte deux rangées de paquets de gâteaux multicolores. Une autre croule sous les bonbons. Une troisième enfin, et de loin la plus intéressante, ploie sous le poids d'une grande boîte de chewing-gums.
Et le soir, on peut voir le Grand Costaud qui prend le frais devant sa boutique en mâchant du rose. Le fil élastique, il l'étire, le tord comme un serpent, souffle dedans pour faire des bulles, enfin le repousse d'un coup de langue, pour aussitôt recommencer.
Nur Uyuni reste planté devant l'étal, bouche bée. Car, faut-il le préciser, Nur Uyuni est extrêmement gourmand. Yacine, qui ne l'est pas moins, le pousse d'une bourrade discrète et passe la tête haute. Mais il garde un œil sur le chewing-gum rose. Cela, paraît-il, s'appelle un Malabar. Exactement comme le gang des histoires de nuit de Jamel. Ce Malabar a-t-il des pouvoirs spéciaux ? C'est peut-être le fétiche

des Malabars ? Et s'il y en avait par ici, des gangsters, ne les appellerait-on pas des Malabars du désert ? Et ne serait-ce pas terrible ?…
Un matin, Yacine décide d'écrire au cousin Jamel pour en savoir plus sur tout ceci, mais la réponse tarde, et l'été est si loin encore qui verra revenir le cousin Jamel, son jean, ses baskets à bulles (celles qui se gonflent en faisant un petit bruit) et ses histoires des Malabars de Belleville. Et en attendant, le Grand Costaud se pavane devant ses réserves de fil à mâcher rose ! C'est peut-être ça qui le rend fort ?

Un soir, au cours d'un match devant la fontaine, Nur Uyuni, pénétré de son importance, caracole d'une équipe à l'autre. Campé sur ses deux jambes parmi la haie de spectateurs et les mains aux poches, le Grand Costaud l'interpelle :
« Hé ! le bosco, le ballon, tu te l'es coincé dans le dos, tout le monde va rigoler aux JO ! »
Toute l'assistance éclate de rire. Sauf Yacine, Nur Uyu qui renifle et, bien sûr, Aziza. Elle houspille le Grand Costaud, le voue aux pires maux, lui et ses descendants et les descendants de ses descendants, et, bien sûr, ses ancêtres, et les ancêtres de ses ancêtres.
Après la mi-temps, la partie se déroule sans autre incident. Le match terminé, Nur Uyuni et Yacine s'en reviennent à la maison, les jambes comme de la se-

moule mais satisfaits. Ils ont oublié le fâcheux incident. C'est une victoire éclatante. Même Nur Uyu sourit, une larme séchée au coin de l'œil.
C'est alors qu'au bout de la ruelle qui mène chez eux, le Grand Costaud leur barre le passage. Il se permet même de siffler avec mépris et d'ajouter : « Chochottes, chochottes, chochottes ! »
C'en est trop ! Yacine devient pâle comme la neige (d'après le cousin Jamel, la neige, c'est blanc et si froid que ça brûle). Il ne pense même pas à répliquer comme l'avait recommandé le cousin en cas d'embrouille : « C'est çui qui dit qui y est ! » Non, dans l'urgence, Yacine balance son poing dans la poitrine du Grand Costaud et lui « met une patate ». Dans la poitrine, en raison de la différence de taille, évidemment, le grand le dépassant de vingt centimètres, mais c'est le menton qui est visé.
Quel choc ! Aplati comme une galette dans le sable, immobilisé par ce géant qui pèse au moins cinquante kilos, c'est Yacine qui est aussitôt terrassé par un direct à assommer un chameau.
Claudiquant, sautillant, boitillant, se prenant le pied droit dans le gauche, Nur Uyu le téméraire, arrose de cailloux le Grand Costaud. C'est du moins ce qu'il avait l'intention de faire pour sauver son ami. Mais l'œil droit, pas d'accord avec le gauche, n'évalue pas bien la distance et les cailloux pleuvent. Trop

près, trop loin, à côté. Et le dernier tombe même sur la tête de Yacine qui mord la poussière à belles dents ! Il ne cède pourtant pas aux intimidations du Grand Costaud qui lui répète sans cesse :
« Demande pardon et je te laisse partir ! »
Demander pardon, il rêve, ce tas de graisse ! Yacine serre les dents. Il essaie d'appliquer les conseils du cousin, expert en la matière : « Si un gars t'attaque tu lui fais manger un coup de tête, et aussitôt tu fais la balayette ! »
C'est facile à dire quand on a douze ans ! Mais Yacine n'arrive pas à soulever cette masse de chair et d'os.
Enfin, il se tortille si bien, se contorsionne, fait tant de spirales, de circonvolutions, qu'il réussit à échapper à l'immobilisation et se relève, assez fier de lui.
Le Grand Costaud alors se saisit du ballon resté dans la poussière et le cogne deux fois sur un caillou pointu.
Ça a fait cratch pfuuuuuu…
Et le ballon a crevé ou s'est crevé, on ne sait plus ce qu'il faut dire.
Surpris par ce qu'il a déclenché, le Grand Costaud détale aussitôt vers l'épicerie paternelle.
Yacine est devenu plus blanc, Nur Uyu plus tassé.
Ils rentrent en silence.
Misère. Catastrophe. Même les gâteaux de miel

d'Aziza, pourtant bien dégoulinants, ne les dérident pas. Ni les histoires de maman, ni les blagues des sœurs, sorties de leur pension pour les vacances scolaires. Ni les yeux de papa remplis de choses tendres. Ni les deux sabres de bois, qu'il fabrique après le repas du soir. Rien ne le console. Ils restent tristes, vexés et soucieux. Avec l'envie de se venger.

Le lendemain, Yacine s'éveille tôt dans son lit trempé. Il vient de faire un mauvais rêve. Le Grand Costaud lui volait son ballon pour le remettre au gang des Malabars de Belleville ! Ces êtres étranges des histoires de nuit de Jamel. Yacine se frotte les yeux et redécouvre l'ampleur du désastre : plus de ballon de foot.

Maman a un drôle de sourire en lui disant bonjour. Ses sœurs se font entre elles des clins d'œil, très agaçants. Papa est parti depuis l'aube, on ne sait où. Loin, sans doute. Il a pris le bus tout brinquebalant qui ploie sous les ballots de toile. Ce bus va au bout du monde, après le désert. Et les petites lumières du tableau de bord clignotent. Papa a dû mettre sa djellaba de fête, la bleue, car elle n'est plus là. Mais où est-il allé ? Et pourquoi tous ces mystères ?

Le soir, quand la dune rosit dans le soleil couchant, Yacine va guetter son retour à la lisière du village. L'arrêt du bus est au bout de la piste.

Il l'a vu de loin. Sa djellaba bleue toute maculée de

poussière. Les yeux et la barbe frangés de sable, à grandes enjambées, il arrive. Un grand sourire montre ses dents blanches. Brusquement, il tend le bras. Au bout, il y a un filet. Dans le filet, un ballon. Éclatant, criblé de figures noires, avec un bandeau rouge sur lequel on lit « le ballon des champions ».
Yacine s'est jeté dessus. Comme une flèche, il file jusqu'à la fontaine.
En l'entendant crier son nom, Nur Uyu qui grignotait quelques beignets, histoire de passer le temps, se propulse sur la place à la vitesse de la lumière, une grosse traînée de miel brillant sur le nez.
« Qu'est-ce qu'il y a ? » a-t-il voulu dire. Mais aucun mot ne parvient à sortir de sa bouche. À la place : des gloussements, des grognements, des crachotements, et même quelques miettes de beignet. C'est qu'il a aperçu le ballon !
« La chance ! » articule-t-il enfin et il prépare son pied droit, celui qui fait des dégagements.
« Vous allez voir ce que vous allez voir ! » ajoute-t-il en postillonnant vers les supporters, réunis sur la place pour célébrer l'événement. Et vlan ! Il t'envoie un de ces coups de pied. Un coup de pied... prodigieux ! On l'a dit, Nur Uyu est un spécialiste du tir.
Hélas ! C'est dans une bouse de chameau sèche qu'il a shooté.

« Oh ! pardon », bredouille Nur Uyu à l'adresse de Yacine qui le considère d'un œil sévère tout en se frottant la joue (car c'est là qu'elle a atterri).
Les supporters se contorsionnent de rire, laissent fuser des « oh » et des « ah ». En un mot, ils se moquent de Nur Uyu. C'est encore la honte. Nur Uyu regarde l'assistance d'un air las. Un seul ne rit pas : le Grand Costaud.
Et le voilà qui s'approche de Yacine. Il traîne les pieds, il a les joues rouges, la tête basse et les oreilles décollées. C'est alors qu'on entend cette chose incroyable :
« J'm'excuse pour le ballon, j'm'appelle Ali. » C'est ce qu'il marmonne. Yacine, qui attend le coup d'envoi du siècle pour bloquer le ballon, échange un bref coup d'œil avec Nur Uyu.
« Ça va », répond celui-ci avec dignité. Et d'un jet rapide, il expulse le ballon vers le ciel.
« Bravo ! » hurlent les supporters. Les autres joueurs ont chaud au cœur et des ailes aux mollets. Le soir, Nur Uyu est nommé vice-président du Zizou club. Ça le console un peu de ne pas être propriétaire du ballon. Après vote et délibération, le Costaud est admis à en faire également partie.
Tous les soirs, au coucher du soleil, les matchs se déroulent devant la fontaine. Aziza, occupée à puiser de l'eau, surveille du coin de l'œil son plateau plein

de beignets, recouvert d'un linge blanc qui doit récompenser les champions. Mais Nur Uyu semble se désintéresser des friandises, il en a mis juste une dans sa poche. N'est-il pas occupé à des tâches plus nobles ? Entraîner les joueurs, les réconforter et parfois, devoir oblige, les pénaliser impitoyablement.
Carton jaune : le joueur n'aura qu'une miette (de beignet) ; carton rouge : il n'en aura pas du tout !
Mais, ce n'est pas un beignet qui va impressionner Yacine !
La tête sous les étoiles et l'œil sur le ballon, il garde ses buts.
C'est vraiment lui le pilier du Zizou club.
Plus que quelques mois pour qu'il participe aux JO de Londres !

LES MALABARS DE BELLEVILLE

Le grand jour est enfin arrivé. Yacine s'en va passer les deux mois d'été chez le cousin Jamel, dans cette mystérieuse Belleville bâtie sur une colline où se passent tant de choses. L'oncle Rachid l'accompagne. Ils prennent le bus jusqu'à Alger, puis le bateau et enfin le TGV.

Au bout de la ville blanche, la mer apparaît, compacte et bleue. Au bout du bloc scintillant d'eau bleue, après une longue traversée, c'est une autre ville aussi grande que la première mais moins blanche et plus bruyante avec sa gare immense et ses grands trains couleur d'orange. Au bout de la voie ferrée à des centaines de kilomètres, voilà enfin la capitale qui renferme dans ses murs la fameuse colline.

Jamel et sa mère attendent sur le quai. Blonde et rose dans sa robe à fleurs, Tata Léa sourit. Jamel sourit aussi, avec l'air de se moquer. Yacine passe de bras en bras. « Fils ! Fils ! » murmure oncle Kateb et on voit briller ses dents.

« C'est Belleville ? » demande Yacine. Jamel hausse les épaules, Belleville n'est qu'un quartier de la ville, elle-même grande comme tout un pays !
La foule, les immeubles, les voitures, les terrasses des cafés surprennent Yacine. Rien à voir avec ce qu'il a imaginé, c'est plus grand, plus petit, plus gris, moins luxueux et, en même temps, incroyable, phénoménal, prodigieux !
La grosse pendule de la gare le fixe de son œil rond et, tout autour, c'est un vacarme et une agitation épouvantables, et tous les gens gesticulent en criant, la tête sur l'épaule et la main sur l'oreille. Yacine demande ce qu'ils font à crier tout seuls dans la rue, alors qu'ils ne vendent rien, même pas un sachet de dattes ! Jamel hausse les épaules : « Ils téléphonent, banane, leur main cache un portable ! »
Yacine demande où est la tour Eiffel, il ne la voit pas. Jamel tapote deux fois son front en levant les yeux au ciel et ajoute un sourire moqueur. La tour Eiffel est invisible d'ici, explique Léa, tout est si grand !
Oncle Kateb gesticule et crie aussi mais il n'a pas de portable plaqué sur l'oreille. Il est juste furieux parce que sa voiture est en fourrière, confisquée par la police et qu'il faudra payer une amende. Tout cela parce qu'il s'est garé du mauvais côté de la rue. La famille attend donc avec d'autres personnes devant

l'arrêt des taxis et Yacine tient la main de Léa. C'est un long serpent humain. Personne ne se parle, ou alors pour se disputer. Les gens claquent la portière d'un air revêche et filent dans le taxi. Il se met à pleuvoir. Yacine s'amuse à récupérer des gouttes dans sa main. C'est transparent et frais.

La nuit n'est pas encore tombée que les enseignes dessinent des éclairs multicolores dans le ciel. Yacine grelotte. Il commence à avoir faim, soif, il se sent le cœur gros. Ses chaussures de cuir à lacets lui font un mal ! Ici, elles serrent et là, elles piquent et brûlent. Quelle différence avec la caresse du sable sur ses pieds nus !

« Demain, nous achèterons des baskets, dit Léa, un jean et une casquette.

— Avec une étiquette et des mots marqués dessus, comme ceux de Jamel ?

— En tous points semblables. Et aussi une montre électronique. »

Puis elle tire Yacine par la main et les entraîne tous dans un souterrain faiblement éclairé.

« On ira plus vite », dit-elle.

Ils s'engouffrent donc dans le tunnel sombre. Des gens les imitent, ils courent aussi, dévalent les marches, bousculent Yacine. Une barrière métallique se rabat et lui claque au nez. Au bout du tunnel, c'est comme une gare. Avec des couloirs, des escaliers roulants, des quais, des murs couverts d'affiches. Ensuite, c'est comme un train, avec des wagons aux vitres qui tremblent. Ça se met à tanguer, à rouler, à grincer. Yacine en a le tournis. Mais où est-il donc ? « Dans le métro, patate ! » répond Jamel qui aime donner ce genre d'informations.

Enfin, la rame s'arrête, ils descendent. En haut des escaliers, le grand ciel apparaît, puis la masse verte de la colline de Belleville, posée comme un chapeau sur la ville.

Sur le boulevard, la bonne odeur qui s'échappe des restaurants à stores rouges le ragaillardit. Il la reconnaît : couscous et merguez comme chez lui. En face ça sent le coriandre et des canards laqués se balancent devant les vitrines, comme en Chine. C'est ça Belleville en plein cœur de Paris. Yacine a beau se dévisser le cou il ne voit aucun Malabar sur le boulevard. En tout cas, aucun gangster avec une tête rose et élastique.

Quand ils sont arrivés dans l'immeuble de Jamel, Léa dit : « On va appeler l'ascenseur. » Mais elle n'appelle personne. Elle reste figée devant une porte grise. Quand cette porte s'ouvre, ils s'entassent tous dans une boîte d'aluminium qui les transporte en un clin d'œil jusqu'au sixième. Jamel rit de la stupeur de Yacine en faisant entendre des petits bruits très agaçants.

De la chambre avec ses lits superposés, son coffre plein de jouets, ses étagères garnies de livres, Yacine (qui n'en a jamais vu autant, même en rêve) dit : « Pas mal. »
Un grand chien noir à poils touffus lui pose les deux pattes sur les épaules et le salue d'un coup de langue. Jamel fait les présentations :
« Roberto, Yacine, Yacine, Roberto. »
C'est superflu, ils sont déjà devenus inséparables.
Sur la couette, au milieu des dragons imprimés, une boule de fourrure soyeuse semble attendre Yacine. Sans ouvrir les yeux, le chaton émet un ronronnement léger, s'étire, ramasse sous lui ses quatre pattes, fait le gros dos, bâille un grand coup, découvrant sa gueule rose et des petites dents bien serrées. Enfin, il darde son regard jaune sur le regard gris-bleu de Yacine. Julot, pur chat de gouttière, devient ainsi son second ami.
« Tu veux une BD ? » propose Jamel.
Yacine accepte, sans trop savoir à quoi sert une bédé. En un clin d'œil il comprend qu'il a bien fait. C'est totalement captivant les dessins et les bulles.
« Demain, décrète le cousin en éteignant la lumière, on fera un foot avec Charles-Ed. » Après un petit silence méditatif, il ajoute une de ses fameuses informations du soir : « C'est mon meilleur copain. C'est lui qui me raconte tous les rebondissements de l'af-

faire des Malabars de Belleville. Tu piges ? Le racket ! La baston ! Les poursuites, les planques, les crimes. Tout quoi ! Et mon cousin Will m'aide pour les déductions, il est très fort, il est déjà au collège, c'est le neveu de maman, on le verra cet été ! »
Yacine voudrait en savoir plus sur ces Malabars. « Ont-ils une tête élastique ? » demande-t-il, mais Jamel reste silencieux. C'est peut-être un énorme secret qu'il est trop tôt pour lui révéler ?
Yacine a du mal à trouver le sommeil. Il se tourne et se retourne dans la couchette du bas et retourne les questions dans sa tête. Rien que d'y penser, au gang des Malabars, il en a froid dans le dos et les dents qui s'entrechoquent. Et puis ce Charled, comment est-il ? Est-ce qu'ils vont être copains ? Comme Jamel, il est grand, et bientôt au collège. Ne se moquera-t-il pas de son français qui roule les *r* ? Et quand vont-ils jouer au foot et s'entraîner pour les JO de Londres ?
Toutes les questions qu'il pose à Jamel restent vaines. Yacine s'accroche alors à la barre du haut, jette un coup d'œil sur l'oreiller. La masse des boucles de Jamel fait une boule noire. Juste en dessous, on aperçoit ses deux trous de nez et sa bouche légèrement ouverte qui laisse échapper un petit sifflement « Huuu huuu » très régulier. Tout pareil au rythme du sommeil. Pourtant, en enfilant son pyjama,

Jamel a laissé entendre qu'il allait « encore faire une nuit blanche ».
Alors ?... Yacine se sent soudain très seul.
Au village, quand le car a démarré emmenant Yacine, qu'il était sombre, Lakdar, presque sévère. Et maman s'essuyait discrètement les yeux. Mère Aziza sanglotait, et Nur Uyu aussi. Ses sœurs lui caressaient les joues.
Et Yacine est resté assis raide sur la banquette, à côté de son oncle. Il ne s'est pas retourné. Bien trop occupé à écraser des poussières au coin de chaque œil. II ne faut plus y penser. Et pourtant ses yeux le piquent soudain. Encore ces poussières qui font venir de l'eau, sans doute. Mais personne n'est là pour regarder. Enfin après un petit moment, il se dit que bientôt, ils vont partir en vacances. C'est Jamel qui l'a dit. Ils vont aller chez Alice. Parce qu'il a une cousine, Jamel. Et elle s'appelle Alice. Elle a de longs cheveux. Yacine serre dans ses bras la petite boule soyeuse. Mais Julot se prête de mauvaise grâce aux accès de tendresse. Il s'assied, fait le gros dos, descend du lit et quitte la pièce sans bruit, sa queue comme une clé de sol. Roberto est plus coopérant. Il accepte et rend les caresses, s'affale de tout son poids sur Yacine, se gratte une oreille et se laisse tomber sur le tapis. Il se roule sur le dos, les quatre pattes en l'air et se met à ronfler à grand bruit. De temps

en temps, il agite une patte arrière comme s'il amorçait une montée à vélo. D'un air féroce il relève une babine noire sur un grand croc blanc et grogne. « Tu rêves ? » lui demande Yacine dans le noir. Pas de réponse. « Tu te bats avec un chien ? » Au mot chien, les grognements redoublent, Roberto dresse une oreille, lève une paupière. Son œil mi-clos adresse à Yacine un « Qu'est-ce qui se passe ? » qui manque d'enthousiasme. Il le referme aussitôt d'ailleurs, pousse un grand soupir. Un si terrible soupir d'épuisement et de satisfaction à la fois que Yacine éclate de rire dans le noir.

Lui aussi va fermer les yeux. Juste pour un instant. On verra bien s'il arrive à faire une nuit blanche !

Mais voilà qu'aussitôt un ballon de foot tout doré vole au-dessus de l'immense pelouse verte. Et qui garde les buts ? C'est Yacine, la tête sous les étoiles de Belleville et les pieds dans le lit du rêve.

Quand il ouvre les yeux, Yacine en aperçoit deux, couleur de noisette, qui riboulent au-dessus des siens, entre une casquette ornée d'un pompon et une paire de lunettes à verres épais. C'est déjà le matin ! Une écharpe cache le bas du visage. Le reste de la silhouette est dissimulé dans les épaisseurs molletonnées d'un blouson. On lit le nom de la marque « Grenichon » sur chaque poche. L'expression du regard reflète le plus total ébahissement. De dessous

l'écharpe une voix enrouée s'échappe enfin pour marmonner :
« Ch'est ton couchin ?
— Ouais, répond sobrement Jamel.
— Ch'suis enrhumé », ajoute en guise de bonjour, celui qui n'est autre que le célèbre Charles-Ed, comme dit Jamel, amateur d'histoires de détectives. Une fois dépouillé de son attirail, il est grand. Un peu voûté aussi. Des boules de coton dépassent de ses oreilles. De son sac à dos, il tire un arsenal de jouets, friandises, sirops et pastilles pour la toux.
« Magnez-vous, on va aux tobbos », ordonne sèchement Jamel. Yacine n'a plus qu'à se préparer à toute vitesse et à filer au parc. On est mercredi.

Jamel et Charles-Ed ont ricané en le montrant du doigt et, avant qu'il ne soit revenu de sa surprise, Yacine s'est senti propulsé à une vitesse vertigineuse sur le toboggan. Jamel l'a poussé. Et la tour Eiffel, là-bas, dans les nuages, il pourrait la toucher du doigt. Charles-Édouard, empêtré dans ses molletons, agrippe encore la rampe. Vu d'en haut, il a tout d'un long bâton. Il se plaint : « Mais che vais me cacher une chambe moi ! » Avec précaution, il pose le pied sur le premier barreau et annonce : « Attendez-moi les mecs ! Ch'vais faire le chaut de la mort ! » Yacine a déjà dévalé le toboggan tout seul une seconde puis une troisième fois. À la dixième glissade, il aperçoit Charles-Ed, qui n'a pas bougé d'un millimètre. Le passe-montagne rabattu sur les yeux, il promet cette fois un « criple chaut » périlleux.

C'est l'heure des bonbons. Essoufflé, Charles-Ed entre en coup de vent dans la boulangerie. « Ch'ai fait mon makchimum, claironne-t-il, le chaut de l'enfer ! » Pour toute réponse, Jamel fait une bulle avec son chewing-gum et Yacine remplit avec soin une pochette de confiseries. Des gélatines roses, vertes, des longs crayons remplis de sucre, des tortillons de réglisse, des crocodiles, des souris et des dinosaures (en faux), il ajoute quelques petites fraises dures et des tas de malabars.

Yacine les attendait depuis si longtemps ces chewing-gums roses dont se régalait le Grand Costaud. C'était au village avec Nur Uyuni, c'est si loin. Yacine a l'impression qu'une année au moins s'est écoulée ! Tout est nouveau ici et captivant. Enfin il espère bien que ce chewing-gum le rendra fort.

Ce qui l'inquiète un peu c'est que le nom des confiseries ressemble à celui des gangsters. Comme un homme averti en vaut deux il préfère en mâcher des quantités pour avoir de l'avance et savoir à quoi s'en tenir.

Avec le Malabar, donc, des bulles, il en fait des rondes comme des ballons de foot, des ovales, comme des ballons de rugby et d'autres, avec des formes bizarres qui viennent se coller sur le bout de son nez. Il les fait claquer, les étire, les déforme. Quand le Malabar n'a plus de goût, il peut même le jeter. Pas besoin de le conserver pendant des jours, comme au village. Un autre bien rose, bien sucré, plein d'un jus délicieux remplace le premier. Ici, ce n'est pas un problème. Comme l'eau et la nourriture, d'ailleurs. Ce n'est jamais un problème non plus, ici. Chacun semble manger à sa faim, et même plus. Puisqu'on jette sans y penser du pain, des restes, qu'on voit ensuite flotter dans le caniveau.

Même s'il a acquis de l'expérience, Yacine n'oublie pas son ami. Il a décidé de mettre quelques Malabars de côté pour Nur Uyu. Des tout neufs dans leur emballage d'origine. Mais à chaque fois qu'il en cache un dans la valise, une heure après, il est obligé d'aller fouiller dedans. C'est un mouchoir qu'il lui faut, ou un stylo, enfin quelque chose d'indispensable, et le voilà nez à nez avec le malabar craquant dans son joli papier jaune. Sans qu'il sache comment, celui-ci est dans sa bouche et le voilà aplati et gluant !

Alors Yacine a décidé de garder ceux qui sont un peu vieux mais qui ont encore du goût. Il les a alignés dans le fond de la valise, sous les chemises.

Léa a rangé les affaires trop petites ou trop raides au fond de son bagage, Yacine ne porte plus que jean,

tee-shirt et baskets. Elle a vu les drôles de chenilles roses au fond. Elle a souri :
« Tu peux en avoir tous les jours des nouveaux, pas la peine de garder les vieux. » Yacine a ouvert de grands yeux. Jamel s'est mis à hurler de rire en se tapotant le front ce qui veut dire « débile-manteau ».

Maintenant Yacine ne s'étonne plus. La télé, le frigo, la machine à laver, le four à micro-ondes, les albums d'images à coller, les glaces, la piscine, le supermarché, le portable, et surtout la console et les jeux vidéo, Yacine a tout expérimenté. Également les casquettes à large visière criblées d'initiales de clubs sportifs.
Il a tout visité : les Champs-Élysées, le zoo, les bords de Seine et le musée du Louvre où on voit des momies et des gens tout nus en pierre. Et la tour Eiffel et son ascenseur électronique : 1 minute 40 pour atteindre le sommet. La foule des visiteurs parle toutes les langues, un peu comme dans la tour de Babel. Un jour, au village, le maître a raconté l'histoire de la tour d'acier.
Il est allé au cinéma. D'abord au Berry, la petite salle du boulevard de Belleville qui a un grand zèbre peint sur la façade, si tranquille qu'on peut même y aller sans les parents. Et aussi, à la séance de 14 heures du Grand Rex.

Charles-Ed, emmitouflé jusqu'aux deux yeux, plonge le nez dans un énorme paquet de pop-corn. Sa main dans un va-et-vient mécanique plonge dans le sac, pousse les céréales sucrées dans l'ouverture aménagée entre l'écharpe et son menton. Le maïs est alors mastiqué à grand bruit, puis avalé.
« Regarde, dit Jamel, le toit s'est entrouvert, la nuit est déjà tombée ! On voit même les étoiles ! »
Un ciel obscur où passent des nuages pèse au-dessus des spectateurs. Il n'est pas trois heures, comment est-ce possible ?
« Débile ! commente Jamel, tu ne vois pas que c'est un décor ! » Et Charles-Ed qui riboulait déjà les yeux avec terreur se met aussi à rire d'un air moqueur.
Il n'est pas bon de faire trop souvent les frais d'une blague. Il va falloir ouvrir l'œil, et l'oreille ! se dit Yacine. Rien n'est pareil qu'au village ici. Mais il va s'adapter. Il va leur montrer ! De toutes façons, jusqu'à preuve du contraire, au foot, il les aligne tous. Donc AVANT TOUT, CE QU'IL FAUT, C'EST ORGANISER UN MATCH DE FOOT ! Et on verra bien qui rira…

LE MATCH DE FOOT

« Demain on fait un foot chez moi », a annoncé Charles-Ed. Il habitait donc un stade ? Peut-être le Stade de France, ça s'est déjà vu, les gardiens ont un pavillon. En tout cas ça tombait à pic. L'occasion rêvée pour être le goal volant de génie et prendre sa revanche sur le terrain de ses rêves, genre Stade de France ou parc des Princes, qui devait border l'immeuble de Charles-Ed ! Mais ce qui a étonné Yacine c'est que le lendemain, Jamel n'a pas emporté son sac de sport. Ni short. Ni chaussures à crampons. Yacine n'a pas voulu poser de questions. Tout doit être prévu sur place dans les vestiaires. On est à Paris. Le terrain doit être immense. Peut-être que Thuram ou Ronaldo vont les y accueillir, exceptionnellement Zidane, de passage, leur donnera un maillot, peut-être même les entraînera-t-il, en leur glissant quelques mots sur la tolérance et les règles du sport, l'esprit d'équipe et Kaka dédicacera sa photo…

L'appartement de Charles-Ed n'est pas au stade de France mais au troisième étage du grand immeuble

en carrelage de Belleville, celui qui ressemble à une salle de bains. À deux cents mètres de chez Jamel. D'habitude, Charles-Ed n'aime pas beaucoup y rester, dans son appartement. Il se sent seul à la garde de sa « jeune fille ». Ses parents rentrent quand il est couché. Ils lui collent un baiser sur l'oreille en disant « bonne nuit » puis s'installent devant leurs récepteurs de télé. L'appartement en comporte cinq, il y en a même dans les W-C. La jeune fille regagne sa chambre et Charles-Ed s'endort.
Il ne l'aime pas beaucoup sa jeune fille. Elle parle un français bizarre, un anglais approximatif et des mots d'ailleurs. Mais elle vient d'un pays trop éloigné pour qu'on apprenne sa langue maternelle, ça ne servirait à rien, ont dit les parents de Charles-Ed. Et puis l'anglais est indispensable, avec l'Europe ! Alors on lui dit quelques mots d'anglais et elle les répète. « Ch'suis bilingue », déclare Charles-Ed, qui ne comprend rien à ce qu'elle lui raconte mais se voit obligé de faire ses devoirs et prendre son bain, quand elle dit : « Dou yourrr job », ou « Tek yourrr basse ». En plus, elle joue au Monopoly comme si c'était pas important de gagner de l'argent ! Un peu débile, non ? Charles-Ed fait de longs rapports à Léa sur ces « bicharres achissements de la cheune fille ». Mais soit qu'il n'ose rien en dire à ses parents qui sont si occupés, soit que ceux-ci n'aient pas le temps d'écouter

ses plaintes, les jours de Charles-Ed se passent auprès d'elle.
Dans l'immeuble de Charles-Ed, celui qui ressemble à une salle de bains, c'est toujours le silence. Dans l'appartement aussi. Il fait plutôt penser à un hall de banque, mais vide.
Charles-Ed aurait bien aimé avoir un chien ou un chat, à la rigueur une souris, histoire d'avoir de la compagnie. Mais ses parents ne veulent pas.
« Pas le temps, pas hygiénique », ont-ils déclaré.
Et comme il promettait qu'il donnerait lui-même deux bains par jour à son animal :
« INTERDIT, ont-ils proféré. STIPULÉ dans le contrat de propriété ! HORS LA LOI ! IMPOSSIBLE ! »
Comme Charles-Ed ne veut pas être un hors-la-loi, il s'est enroulé, tassé, fait le plus petit possible. Peut-être qu'il a pleuré un peu dans son oreiller et fait pipi au lit beaucoup mais il n'en a plus jamais parlé. Affaire classée.

Le dimanche, Charles-Ed est invisible. Il reste chez lui pour jouer avec ses jeux qui rendent encore plus intelligent : *Le droit pour les juniors*, *J'apprends à être chef d'entreprise*, *La banque en herbe* et les trois mille fiches d'*Evaluation-party* qu'il a apprises par cœur. Comme ça, quand le jour de Noël ses parents font

une partie avec lui ils disent qu'il est futé et que son Q.I est très bien. Alors Charles-Ed en a parlé à Jamel et Yacine de son Q.I mais ceux-ci se moquent complètement du quotient intellectuel de leur copain. Ce qui compte, c'est de jouer.
Le dimanche, c'est repos. Pas de copains pour Charles-Ed : ses parents restent à la maison. Ils sont fatigués et veulent profiter de la vie de famille sans être obligés de supporter des cris d'enfant. C'est jour calme. Ils ne travaillent pas. Ou presque pas. Trois fois rien : les comptes à traiter sur l'ordinateur, les e-mails à envoyer, les conversations avec les collaborateurs au bout du monde, les fax à recevoir. On entend *Hinhinhin*, la machine tremblote, clignote, le message apparaît. Les parents, rouges de plaisir comme s'ils avaient marqué un but, se jettent sur la corbeille, bloquent le message, lisent avec fébrilité. Y'a plein de chiffres sur la feuille. Vite, les parents actionnent la calculette, brandissent les portables, appellent Tokyo, Le Caire, Honolulu ou Tourcoing, envoient des mails. En peignoir de bain et chaussettes, leur portable soudé à l'oreille, ils se baladent dans le salon, la cuisine, le bureau, l'entrée, la salle de bains en criant : « 20 000 dollars ! Y'a un malaise ! » (Et ils se disputent aussitôt.) Ou encore « 50 000 ? Mais c'est génial ! » (Et ils sont tout contents, comme ceux qui reçoivent une lettre

d'amour dans *Brenda et Bryan*, sa série préférée.) Ils dialoguent avec le monde entier, les parents de Charles-Ed. Lui, il joue par terre sous la table avec ses monstres et fait toutes les voix, mais ses parents lui font « chut ». Ils ont le collaborateur de Hong Kong en ligne.
Mais c'est dimanche, la famille est réunie, pour le « breakfast ». Ça, c'est sûr. Devant des tas de croissants et du jus d'orange. Et des œufs au bacon. Pendant une demi-heure. Et ils ne se disputent pas (sauf si les œufs sont baveux), c'est dimanche.

Enfin, aujourd'hui c'est jeudi et il y a un match de prévu par Charles-Ed. Les parents sont au travail, la jeune fille est sortie. Mais le foulard serré sur la tête, la dame-de-repassage-de-Charles-Ed, debout face à une pile de chemises dans une pièce toute blanche, repasse.
Yacine reste sur le seuil un peu inquiet. Il est déjà allé à l'hôpital, c'était blanc comme ça avec plein d'instruments en chrome. La dame le rassure d'un sourire. N'aie pas peur, c'est la cuisine, dit-elle avec un drôle d'accent.
Par la fenêtre, on voit les grands immeubles creusés de terrasses désertes où jaunit un palmier. Yacine s'ennuie. Les collections vantées de Charles-Ed le laissent froid. Ses cinquante-sept casquettes, souve-

nirs de voyages des parents, sont toutes identiques. Il n'y a que l'inscription qui change : Los Angeles, Istanbul, Rabat, Sydney, Shangai, Tourcoing... Les cartes postales, c'est pareil, on ne voit pas la différence. Hilton de Rio, Hilton de Tokyo, de Venise, de Delhi, de Villeurbanne ! En bas de chaque building on lit : « Mille baisers de papa et maman qui t'aiment. » Un peu lassant !
Mais quand vont-ils partir pour faire ce match ? Yacine trouve le temps long. Charles-Édouard et Jamel ont disparu. Où ? Il n'en sait rien. Le grand hall blanc est percé de portes blanches qui se ressemblent toutes. Yacine est perdu. Soudain il entend la voix de Jamel qui l'appelle : « T'es prêt pour le foot ? » S'il est prêt ? Mais il est bouillant d'impatience !
« Prêt ! crie-t-il en direction de la voix. C'est où ? »
« Par là, banane ! » crie Jamel. Yacine pousse la première, puis la deuxième porte blanche. Ils sont là. Assis sur la moquette grise devant de grandes étagères, un guéridon, une télé et une boîte noire.
« Alors on y va faire ce foot, il est où, le terrain ? crie Yacine depuis le seuil.
— Mais c'est là ! » crient les garçons.
Ils tripotent des fils électriques. Yacine regarde l'étendue de moquette grise. C'est un peu inattendu comme terrain. Sur les étagères des livres, en si bon ordre qu'ils semblent n'avoir jamais été feuilletés.

C'est ça, les buts ? En plus, il ne voit pas le ballon ni les autres joueurs. Un peu déçu, Yacine accourt quand même, l'œil brillant.
Mais au lieu de tracer des buts à la craie sur la moquette comme il faisait sur le sable du désert, les deux amis se sont assis. Face à l'énorme écran de télévision. Ils introduisent un disque dans la boîte noire. Et aussitôt sur l'écran on voit des petits bonshommes qui poursuivent un ballon microscopique et les deux garçons empoignent les manettes reliées aux fils.
« Je vais te buter ! crie Charles-Ed qui pianote déjà sur la manette de gauche.
— Je vais te tuer les mollets ! » crie Jamel qui pétrit celle de droite.
Ils sont méconnaissables, rouges, hirsutes. Ils insultent le petit bonhomme, s'invectivent, se décochent des coups de pied, les bras pris de tremblements.
« Tu vas finir épileptique, se met à crier Charles-Ed, ma mère l'a dit.
— Tu l'as dit, bouffi ! » hurle Jamel, sans quitter l'écran des yeux.
Yacine, qui a la chair de poule à l'annonce des catastrophes qui guettent son cousin, tire la dame-de-repassage-de-Charles-Ed par le bras et lui désigne la scène.
« N'aie pas peur, dit-elle, ils jouent. »

C'est ça le foot ? Mais l'entraînement pour les JO de Londres alors ? S'ils restent assis sur la moquette, ils ne seront jamais à la hauteur ! Yacine se sent triste. Il s'ennuie. D'ailleurs il n'y a pas de manette pour lui. Et puis il n'a pas envie d'être assis pour jouer au ballon. Dans la cuisine toute blanche il se laisse tomber sur un banc. Les parties devant la fontaine, ça, c'était du foot ! Et il y avait autre chose aussi.
Comment dire ? Ca ressemblait à un sentiment. De l'amitié, comme disait le maître, monsieur Salah. On était heureux de marquer un but, vexé de le manquer, on courait dans le soleil couchant en soulevant des gerbes de poussière dorée, Nur Uyu se prenait le pied droit dans le pied gauche, on rentrait fourbu, on était amis.
Un vrai ballon, voilà ce dont il a besoin ! Un rond et chaud qu'on lance. Un qui s'échappe, malin, imprévisible, qu'on rattrape, qu'on dirige. Il existe un terrain de foot, près du parc aux toboggans, un terrain recouvert de gazon, vert, élastique ! Le rêve...
Il y a une autre chose qui commence à manquer : les histoires de maman. Et cette habitude que Yacine avait de lui raconter tout, en vrac, avant de s'endormir. Pour savoir si les événements de la journée étaient vraiment bien ou juste un peu, ou carrément mauvais. Sa voix douce, son sourire, Yacine en a besoin. Terriblement. Et aussi la bagarre avec papa. Ils roulaient

tous les deux à terre en étouffant de rire. Et agacer ses sœurs, les chatouiller, jouer à cache-cache avec, sans parler des câlins et des jeux !... Ni de la couleur du désert quand d'ocre il passe au rose. Ni du soir quand les portes des maisons semblent plus bleues encore. Ni des petits chacals, pressés, furtifs, ni du cri des oiseaux noirs au-dessus des plumeaux verts de la palmeraie ! Ni... Mais Yacine s'endort la tête sur la table de cuisine chromée. Au réveil, il est brûlant, et couvert de petits boutons. Et comme sa tête est lourde !
Jamel et Charles-Ed toujours hypnotisés par la balle microscopique n'en savent rien. C'est seulement quand ils viennent chercher un Chocoto et voient un long ruban jaune et visqueux qui s'échappe de la bouche de Yacine (en même temps que trois hoquets) qu'ils lui jettent un coup d'œil. Charles-Ed est terrorisé :
« Il va chûrement mourir ! » s'écrie-t-il. Jamel se rappelle brusquement ses devoirs de cousin : il téléphone à Léa. Elle arrive aussitôt, touche le front de Yacine, diagnostique une varicelle, l'emporte dans ses bras, enroulé dans un duvet, comme un bébé.
En dépit des moqueries de Jamel qui compare sa figure constellée de cloques à un sac de confettis, pour Yacine, les jours suivants coulent paisibles et délicieux. Confortablement installé contre une pile de coussins, un pot de citronnade bien sucrée à portée

de main, il trône le jour dans le grand lit des parents du cousin. Devant une pile d'illustrés et d'images à découper. Léa lui raconte des histoires, lui applique des pommades pour éviter de se gratter, le soir oncle Kateb le porte dans son lit en faisant l'hélicoptère. Transformés en gardes-malades, Roberto et Julot ne quittent plus la chambre. Ils dévorent discrètement d'énormes parts de gâteaux que Yacine leur glisse en douce. Jamel, en personne, initie son cousin à des blagues et devinettes.

Charles-Ed enturbanné dans ses écharpes, un masque pressé sur la bouche « à cauche des microbes » a bravé tous les dangers. Il est venu !

« Jeudi prochain, ch'est mon anniverchaire », déclare-t-il à Jamel. Et du ton qu'aurait employé le roi Louis XIV pour convoquer un homme du peuple à la Cour, il ajoute : « Et tu es invité ! » (ce qui donne, car Charles-Ed n'omet pas les liaisons : et tu échinvité.) Il lui remet alors une carte imprimée portant les trois codes de la porte et les deux de l'ascenseur, l'avisant de venir entre trois et cinq heures et demie.

Jamel attend le jeudi dans les transes. Les jours de la semaine s'égrènent, moroses. Yacine qui n'est pas invité n'a qu'un désir : être rétabli pour faire le match de foot du siècle. Mais cette fois sur le gazon de Belleville.

L'ANNIVERSAIRE DE CHARLES-ED

Chez Jamel, le téléphone sonne sans répit. À chaque fois c'est Charles-Ed qui annonce d'un ton triomphant : « Cha y est, chai ma nouvelle console Chuper Ichs ! Ma grand-mère vient de me la payer. » Ou encore : « Waouh ! Oncle Ouen vient de me donner un gros chèque. Ch'vais m'acheter quatorze cachettes vidéo. »

Une minute plus tard : « Mon couchin Clothaire-Henri vient d'arriver ! Avec un micro-ordinateur de poche ! »

Suit le défilé des cousines Marie-Berthe, Anne-Gertrude, Judith et Astrid, toutes nanties de jeux électroniques.

« Yo ! Génial !! » s'exclame à chaque fois Jamel. Il colle l'oreille à l'écouteur qu'il bloque d'une épaule tandis qu'il note la marque des appareils (de quoi remplir un supermarché) pour les réclamer plus tard à ses parents...

« Il aurait mieux fait de t'inviter depuis le matin, remarque Yacine.

— Il a pas le droit. À midi, c'est *private*. Rien que la famille !
— Si c'est si drôle que ça, pourquoi t'appelle-t-il sans arrêt ? demande encore Yacine.
— Peut-être pour frimer un peu. »
Jamel est subitement dégrisé.

Enfin, trois heures sonnent. Revêtu de son tee-shirt imprimé à l'effigie de son champion préféré, Jamel compose les trois numéros de code de l'immeuble qui ressemble à une salle de bains. Il parlemente dans l'interphone, prend l'ascenseur et pénètre enfin dans l'appartement où a lieu la « récheptchion ». Yacine l'a accompagné et il repassera à cinq heures le chercher.
Sur le seuil, un distributeur attire son regard. Il n'est pas automatique, c'est une grande boîte de Plexiglas remplie de jetons. La jeune fille de Charles-Ed y plonge la main et remet une rondelle de métal à chaque nouvel arrivant.
Cela exige de l'organisation et un grand sens de la stratégie. Mais tout est prévu. Chaque fois que Charles-Ed annonce : « J'ai un copain ! », ses parents ne disent pas comme dans les autres familles : « Ah ! Et comment il s'appelle ton copain ? » mais : « Ah ? Et que fait son papa ? » La réponse de Charles-Ed est mémorisée et, le jour de l'anniversaire, c'est très pratique.

Le copain dont le père est un monsieur important reçoit un jeton doré. Celui dont le père est juste normal, comme tout le monde, un marron. La coutume veut aussi que les invités apportent un cadeau d'anniversaire et en reçoivent un en échange, en gagnant un lot à la tombola. C'est une espèce de troc. Comme ça, personne ne se doit rien. Donc, le fils du monsieur important (reconnaissable à son jeton doré) gagne un pistolet à rayon laser, et le fils du monsieur pas important un ouvrage éducatif.
Tous les garçons ont eu un pistolet. Jamel a reçu un livre sur Vercingétorix.
« Cela aurait été trop cruel, mon pauvre chéri, de t'offrir un pistolet ! Tu n'as pas de frère pour jouer avec ! » a expliqué la maman de Charles-Ed.
C'est l'anniversaire, c'est la fête. Il y a une tarte de pâtissier avec six parts déjà dessinées en fruit pour les douze enfants, c'est facile de les couper en deux. Et du jus d'orange, dans des gobelets de plastique. Le buffet est installé dans l'entrée. À cause de la moquette du séjour. Un monceau de baskets s'étale à côté. Les invités ont été priés de se déchausser à cause de la moquette, justement. Et Charles-Ed qui est autorisé à faire « excheptchionnellement » une farce ne perd pas une occasion de se boucher le nez en passant devant. Puis il émet un petit gloussement. Charles-Ed s'amuse comme un fou, c'est ce qu'on

peut conclure de cette manifestation d'hilarité. Charles-Ed a eu droit à une part deux fois plus grosse que ses invités (c'est-à-dire une entière) quatre bonbons et un chewing-gum. Enfin, il a eu la permission de ne pas se brosser les dents après le goûter.
Les parents ont organisé un jeu. Une fois n'est pas coutume, se défend la maman de Charlus, ce n'est qu'une fois par an ! De plus, c'est un jeu instructif. Il ressemble à s'y méprendre aux tests d'évaluation de la Chpycologue de Charles-Ed. « Complétez des bouts de phrases, identifiez des figures… »
Jamel a tout résolu « les doigts dans le nez ».
Ensuite, c'est une partie de sept familles endiablée. Mais au lieu de s'appeler Boudingras, Lafumée, Lavinasse comme dans tous les jeux, les familles ont pour nom : Crésus, Howard Huges, et même Grenichon (les blousons). C'est bon pour la culture économique de Charles-Ed a dit son père, ça le forme. C'est Clothaire-Henri, son cousin, qui gagne.
« Normal, chuchote Charles-Ed à l'oreille de Jamel d'un ton dépité, ch'est un chixième ! Il fait chaponais-chinois-ruche à Chaint-Chébachtien, l'établichement le plus chic de Pachy. Il a eu du pichton.
— Bof, bof » répond Jamel d'un air de surdoué… enfin il pourrait l'être, en tout cas, c'est l'un des meilleurs de la meilleure école de Belleville (ceci est son point de vue).

Quand Kateb vient le chercher, Jamel est très content. Il aime sa façon de lui dire « Fils ! » en lui serrant l'épaule. Et cela fait un contraste très rigolo quand son père dit au revoir à la mère de Charles-Ed. La grande main brune de son père enveloppe la petite main dodue et cache un instant les bagues et la gourmette. Il est forcé d'incliner la tête vers elle jusqu'au troisième bouton de sa veste, à cause de la taille. Il dit « merci et bonsoir », laissant la maman de Charles-Ed au beau milieu d'une longue phrase. Comme celle qu'elle a préparée pour le jeune livreur à peau noire, quand il a déposé le carton de jus d'orange. « Merci, monsieur, je vous en prie, monsieur, tu as dit au revoir au monsieur ? etc. » Aux autres pères elle dit seulement : « Salut Hubert, salut Pierre-Jean ».

LE CENTRE AÉRÉ DES LISERONS

« Cha y est ! Mon couchin en a un ! crie Charles-Ed en arrivant le lendemain.
— Un quoi ? s'informent Yacine et Jamel encore ensommeillés.
— Un poil ! »
L'information est de taille. Les têtes ébouriffées jaillissent des couchettes. Jamel est le premier à reprendre ses esprits.
« T'en as la preuve ?
— Che l'ai vu ! »
Un grand silence accueille le scoop.
« Il mesure combien ? demande enfin Yacine.
— Choichante-dich-chept chentimètres ! répond Charles-Ed d'un ton calme.
Puis, il ajoute une petite précision, comme on pousse en avant la pièce indispensable d'un puzzle, avec un sourire de triomphe :
— Et il chauche du 39 ! »
Yacine qui atteint à grand peine 35 (et encore d'un seul pied) et Jamel qui dépasse de justesse la pointure

de Léa (un misérable 36) se mettent à considérer leurs pieds se balançant au bout des pyjamas d'un air dégoûté. En plus, ils ne peuvent pas en avoir la preuve, le cousin de Charles-Ed est reparti pour son collège chic.

« Moi mon cousin William chausse du 41 et il est en troisième ! » laisse tomber Jamel. Charles-Ed n'a rien à répondre à ça

Alors démarre la série des questions : « Qu'est-ce qu'on fait ? Que fait-on ? À quoi joue-t-on ? On joue à quoi ? À quoi jouons-nous ? » Cela, le trio se le demande une bonne partie de la matinée. Roberto et Julot, tapis sous le lit, en ont assez d'essayer des casquettes, de garder des buts imaginaires. Ils ne veulent plus qu'on leur mesure la moustache, même à des fins scientifiques. Ce n'est pas encore l'heure de *Bryan et Brenda*, et les *Chevaliers Imbattables*, faut pas y compter. Ils sont censurés par Léa car, dit-elle, ces séries rendent idiot et macho, ce qui est la même chose.

Dès deux heures, il ne reste plus rien du goûter. Ils ont englouti les gâteaux au chocolat, liquidé le coulommiers, repris des spaghettis, anéanti les barquettes à la fraise et le pot de crème à la pistache. Plus un un sachet de crocodiles en gélatine. Charles-Ed s'est badigeonné de Vache qui rit. Ils ont sauté sur le lit des parents de Jamel. Charles-Ed a crié

« fèches, cul », les seuls gros mots qu'il connaisse. Sa maman l'a dit : « Un petit garçon intelligent comme toi ne connaît pas de gros mots. » Il n'en connaît donc pas. Ils se sont cachés dans la penderie mais Charlot a été pris tout de suite, tellement il riait. C'était la première fois qu'on entendait son rire.

Ces choses-là n'ont qu'un temps, les parents s'arrangent toujours pour les faire cesser.

Ils ne savent plus quoi faire maintenant. C'est long les vacances quand on reste en ville. C'est pas comme au village où s'organisait sur la place un grand match de foot. Et comme il faut attendre longtemps avant d'aller chez Alice, la cousine de Jamel. Parce que Jamel a une cousine, il le dit souvent. Yacine a compris. Ce qu'il se demande, c'est comment elle est. La question a été posée d'un ton détaché. Bof, pas mal, a répondu Jamel sur le même ton. Ce n'était pas la peine d'insister.

« Douce et très jolie, a dit Léa qui passait dans la chambre avec une pile de tee-shirts fraîchement repassés. Avec de longs cheveux blonds », a-t-elle conclu.

Yacine se pose quand même des questions. Est-ce qu'elle va jouer au foot ou s'occuper de ces poupées que les filles ont par ici ? Et aime-t-elle passer les niveaux aux jeux vidéo ? Elle est grande comment ? Est-ce qu'elle est frimeuse ? Va-t-elle jouer avec les

garçons ou s'enfermer pendant des heures pour bavarder comme les sœurs de Yacine, à la seule différence qu'elle se collera un portable à l'oreille et que sa copine sera loin ?
Toutes ces interrogations, non formulées, restent, hélas, sans réponse.

Le temps passe lentement. Les histoires de Charles-Ed sur le gang des Malabars ont perdu leur saveur. Peut-être qu'ils n'existent pas vraiment puisqu'on ne les voit jamais. Et si tout cela n'était que des inventions de journalistes ? Ou du cousin ?
Ce qu'il faudrait, disent les trois garçons, c'est organiser un match de foot, voilà ce qu'il faudrait ! Mais Léa n'aime pas qu'ils jouent en bas. Dans la rue, c'est dangereux. Dans la cour, les voisins font des histoires. Enfin, pour une fois ! Une partie avec les deux frères de l'escalier C, ça ne peut gêner personne.
Elle a accepté. Mais ce n'est pas un vrai match, ils ne sont pas assez. Et puis, c'est Charles-Ed le goal et il est incapable de bloquer le ballon. Enfin il s'est jeté par terre, a sangloté, est remonté au sixième. Il veut que Léa mène l'enquête, un peu comme la police ou le tribunal, afin de déterminer qui est le coupable. Les frères ou lui ?
Quand il redescend, les jumeaux de l'escalier C se jettent sur lui, l'enferment dans les W-C de la cour,

le mettent à genoux, font pipi sur ses chaussures. « V'là un indice, ont-ils dit, tu le feras voir à ton avocat ! » Enfin, ils le relâchent.

Charles-Ed pleure à petits cris.

Jamel et Yacine ont attendu les jumeaux dans la rue. La balayette et hop, ils leur ont réglé leur compte. Ils ont fait jurer le silence à Charles-Ed. Mais les deux frères se sont plaints à leurs parents qui ont sonné chez Léa. Et les trois garçons ont eu droit à un discours de morale.

Et le foot dans la cour a cessé.

« Ça ne peut pas durer, a dit encore Léa, le lendemain. Et pas question de rester toute la journée devant la télé ! Vous allez devenir sourds, aveugles et niais, par-dessus le marché !

— On part en vacances dans une semaine, a dit Kateb. Chez Alice, vous vous amuserez comme des fous, vous pourrez même jouer au foot avec William qui est au collège. En attendant, on va vous inscrire au centre aéré des Liserons ! Vous vous ferez des copains !

— Aux Liserons, c'est tous des golmons ! » a marmonné Jamel. Mais personne n'a entendu.

Le centre aéré des Liserons se niche en plein quartier chinois.

Yacine n'a jamais vu de pagode. Ébahi, il contemple

les toits recourbés rouges et verts, les caractères peints sur les enseignes pourpres. Il n'a jamais vu non plus de canards laqués. Ceux-ci, dégoulinants de sauce, pendent aux vitrines des Jardins de Saigon ou des Délices de Pékin. Les bazars remplis de bouddhas bedonnants, de bâtons d'encens, de calculatrices, d'ordinateurs, de téléphones portables, de gadgets multicolores et de rouleaux de pétards baignent dans un parfum de coriandre et de nuoc-mâm. Yacine croit avoir franchi des centaines de kilomètres, au moins une frontière ! Il n'a fait pourtant que traverser le boulevard.

Léa pousse la porte d'un vieil immeuble ventru. Au fond d'une cour, un petit pavillon exhibe fièrement un panneau sur lequel on lit « Centre aéré des Liserons ».

Un tatami trône au centre de la pièce avec, au beau milieu, un garçon qui fait le poirier. À l'envers, on voit une boule de cheveux noirs et, au-dessus, deux accents aigus qui se mettent à luire. C'est Chang.

D'une pirouette silencieuse, le voilà nez à nez avec Yacine. Il sort ses billes. La partie s'engage. Juste après, ils font un vrai super foot dans la cour et Yacine est goal volant.

Chang aime le sport, il pratique le karaté, l'aïkido et l'escalade. Il connaît un mur près du canal Saint-Martin.

Sans perdre de temps, Yacine lui parle de l'équipe des poussins, les enfants du monde qui doivent participer aux JO de Londres.
Chang n'a pas l'air vraiment au courant. Il n'a pas l'air captivé par le projet non plus. Pour l'instant il a une autre idée. « Allons chez grand-mère Œil-de-Tigre ! c'est juste en face. »
Les quatre se mettent en route ; désormais ils sont inséparables.

GRAND-MÈRE ŒIL-DE-TIGRE

Grand-mère Œil-de-Tigre habite une toute petite maison, dressée comme un champignon au pied de la cité des Canards. Cette cité, une véritable forêt de buildings, abrite dans le bâtiment B, au dix-septième étage, porte 1721, code A384, l'appartement de Chang. C'est en passant tous les jours devant sa maisonnette qu'il l'a rencontrée. Pour leur bonheur à tous les deux.

Grand-mère est haute comme trois pommes, comme on dit. Mais alors, trois petites. Coiffée d'un chignon, pas plus gros qu'un bonbon de réglisse, été comme hiver, elle porte une pèlerine qui virevolte au-dessus de deux jambes fines comme des aiguilles à tricoter. Une robe couleur de myosotis et des yeux assortis. Yacine croyait qu'elle ressemblerait à Chang, mais pas du tout. C'est une grand-mère comme on n'en voit pas beaucoup.

Quand elle va faire ses courses au centre commercial du boulevard, grand-mère Œil-de-Tigre dit au boulanger : « Donnez-moi une ficelle bien tendre, mes dents ne sont plus ce qu'elles étaient. » D'après Chang, Grand-mère fait un peu sa crâneuse car des dents, elle n'en a pas tant que ça ! Il déclare d'ailleurs ne lui en connaître qu'une, mais terriblement efficace.

Chang adore taquiner Grand-mère. Le boulanger, lui, la regarde partir en trottinant, d'un air attendri, et la boulangère se met à fondre sur ses brioches. Tout le monde aime bien Grand-mère.

Quand elle parle de Chang (qui va fêter ses onze ans, mais qui est déjà en sixième), Grand-mère dit : « Mon associé ». Et elle ajoute avec une mine de chef d'entreprise : « À 80 % sérieux comme un pape, pour les 20 % de reste, rieur comme un soleil de printemps ».

C'est pratique, leur collaboration. Par exemple, quand Grand-mère veut retirer de l'argent au guichet automatique de la GBC, Chang lui fait la courte échelle, Grand-mère tape son code secret, rafle les billets et hop, les enfouit au fond de son sac. Ni vu ni connu. Et puis, Grand-mère et Chang font des échanges. À la sortie de l'école, il file chez elle. Pour lui, il y a toujours du riz chaud. Quelquefois des crêpes. Ou encore des beignets. En plus, Grand-mère a commencé à lui transmettre un enseignement : l'aïkido. Elle lui a appris que la respiration et le regard étaient bons pour la concentration. Que la force réside dans les hanches et dans le ventre. Chang, qui est très sportif, aime bien ça. En fait, ce n'est pas une grand-mère de sang, mais une grand-mère amie. Qui l'écoute, l'aime et le comprend.

Dans sa maisonnette, Grand-mère vit en compagnie de son chien et de sa chatte. Max est un petit barbu borgne et teigneux, sourd comme un pot, Soja-Parfumé, une chatte de gouttière, souple et douce. Ses prunelles bleues rappellent la couleur de myosotis des yeux de Grand-mère.

En ce lundi d'été, quand Chang et ses nouveaux amis se suspendent à la sonnette de son portail, Grand-mère vient de faire ses courses comme d'habitude. Du mou pour Soja-Parfumé, du bourguignon pour Max et pour elle-même et Chang : du riz. Tous les jours Grand-mère prépare dans sa marmite électrique du riz parfumé pour Chang.

Il le déguste en boulettes toutes chaudes saupoudrées de sucre. Et les gâteaux au soja, ronds comme des balles de ping-pong, mais plus mous et d'un vert transparent avec lesquels il jongle.

Les quatre garçons se ruent sur le paquet de gâteaux au soja et goûtent, Jamel et Charles-Ed en faisant la grimace, Yacine en écarquillant les yeux qui, de gris-bleu passent au vert d'eau, comme les gâteaux. Chang en est déjà à son sixième, qu'il mâche fort discrètement en fermant bien sa bouche.

Chang connaît l'histoire de Grand-mère, sa jeunesse passée dans les grandes plaines détrempées d'Asie, sa rencontre avec monsieur Kishésha.
Ils étaient jeunes alors ! Et Grand-mère était belle. Mais belle à vous couper le souffle ! Quand elle avait arrêté sa torpédo dans un dérapage foudroyant, Maître Kishésha, assis en tailleur sur la terrasse du dojo, méditait. Immobile dans son large pantalon bleu aussi vaste qu'une tente, il ne broncha pas. Grand-mère, d'un petit bond gracieux, était déjà descendue de voiture et défroissait sa robe plissée, auréolée de poussière ocre. Pas de route alors, mais une piste. Sous la capeline jaune paille qui protégeait le teint transparent, Maître Kishésha avait cru voir deux fleurs de myosotis, piquetées de jaune. Pas un de ses cils n'avait bougé. Mais il avait aussitôt prénommé la jeune femme (qui s'appelait Luce) Œil-de-Tigre, et en était tombé définitivement amoureux. Il y a très longtemps.
Depuis, Grand-mère a appris les arts martiaux, l'art du sabre et l'aïkido. Devenue sixième dan, elle mange du riz parfumé tous les jours.
« Tu ne sais pas ce qui m'est arrivé ? » demande-t-elle à Chang.
— Vas-y, arrête, répond Chang les yeux brillants, tous les jours il t'arrive une nouvelle aventure !
— Hé ben voilà, commence Grand-mère en s'adres-

sant au quatre garçons qui l'écoutent religieusement, je rentrais des courses, paisible, (les quatre l'imaginent trottinant vers sa maisonnette, son sac en plastique sous le bras) quand soudain un gros lard se campe devant moi. Mais alors, un vrai Malabar ! Moustache, balai-brosse, balafre et tonsure, genre moine sur une boîte de camembert.
— Camemb des Moines ! se mettent-ils tous à chanter sur l'air de la pub qu'ils adorent.
Grand-mère ne se laisse pas intimider par cette interruption.
— Gros-Lard m'aborde en ces termes, continue-t-elle poings aux hanches, les oreilles mentalement en feuille de chou : « Aboule ton fric, mamie, ou je t'occis ! »
Grand-mère laisse planer un petit silence qui donne le frisson. Et, plantant son regard myosotis tour à tour dans celui des quatre auditeurs médusés, Grand-mère répond au Malabar d'une voix terrible : « Tu veux que je te casse la gueule, papa ? »
Devant tant d'audace, le Malabar, sûr de l'écraser comme un moucheron, part d'un rire tonitruant qui secoue sa bedaine. Illico, Grand-mère lui plante la pointe de son parapluie au fond du gosier. Et l'ouvre tout grand, le laissant effondré sur le bitume, bouche bée. Raide mort, ou peu s'en faut.
Ça c'est pas une histoire de nuit. C'est du vrai. Du

vécu. Yacine en a des frissons le long de l'échine, Charles-Ed en claque des dents et Jamel est très rouge, seul Chang reste zen.
Mais il est temps de rentrer s'ils ne veulent pas avoir un autre discours de morale. Les parents s'inquiètent.
Une fois sur le boulevard, les quatre garçons regardent à droite à gauche, scrutent l'entrée du métro, les éventaires multicolores des épiceries, les terrasses des cafés et même le porche de l'école. Et si soudain ils croisaient les Malabars ?
« Qu'est-ce que t'aurais fait si le gros Malabar avait grugé Grand-mère ? demande Yacine à Chang.
— Je lui aurais fait avaler sa moustache ! répond Chang d'un air farouche tandis que Charles-Ed approuve du chef.
— Grand-mère, risque Jamel, d'un air prudent, c'est pas un peu une grosse frimeuse ? »
Un concert de protestations le fait taire.
« Elle t'a rien demandé ! hurle Charles-Ed.
— Tu t'es pas regardé ! crient les deux autres.
— Elle rajoute des petits détails, comme ça, pour la beauté de l'histoire, explique finalement Chang.
— Comme en expression écrite », ajoute Yacine.

LE DERNIER CONCERT DE BABY JIM

Assise en tailleur dans son dojo, Grand-mère Œil-de-Tigre s'accorde une petite séance de méditation. Un vif rétablissemet la mène nez à nez avec Max, son chien borgne.

« Voilà du Ky, explique Grand-mère à ses bêtes en tendant les mains vers eux, c'est-à-dire du bonheur, une harmonie entre le corps et l'esprit. Si vous préférez, de l'amour. »

Chatte et chien la regardent. Ils savent que Grand-mère pratique l'aïkido, pas seulement dans le dojo mais aussi, comme il se doit, dans la vie de tous les jours.

Les billes bleues de Soja-Parfumé se reflètent dans les prunelles de sa maîtresse. En réponse, elle fait le gros dos. Max se gratte l'oreille droite et expédie une puce au tatami.

« Bien joué ! » le félicite Grand-mère.

C'est alors, comme dit Grand-mère, qui aime jouer avec les mots, que résonne le grelot aigrelet de la sonnette.

« Pour qui sont ces sonnettes qui sifflent sur nos têtes ? » soupire-t-elle en faisant sonner les *s* car Grand-mère adore citer les Tragiques, les Classiques et aussi les Comiques.
« C'est pour toi ! Chang fait irruption dans la pièce, sérieux comme un pape sous sa casquette noire. Tu es en retard ! ajoute-t-il avec autorité.
— Mais, je croyais que tu venais faire ton entraînement.
— Pas le soir de la fête à Belleville ! Allez viens !
— Pas possible, j'ai à faire, mais tu vas bien grignoter une petite bricole », argumente Grand-mère en déballant derechef des kilomètres de nems à la menthe fraîche et une énorme marmite de riz.
« Où sont tes autres amis ? » demande-t-elle à Yacine avec un beau sourire. Elle lui tend en même temps un de ses fameux gâteaux au soja qu'il empoche.
Yacine a un geste vague.
« Avec les parents. Ils viendront plus tard au feu d'artifice. »
Mais Chang et Yacine ne sont pas venus seuls, il ont amené Petit-Caillou, un copain de collège de Chang. Grand, douze ans au moins, bronzé ou plutôt café au lait comme on dit, Petit-Caillou vient des îles. Les garçons de son collège le désignent ainsi, du nom de son village natal. Il marmonne timidement : « 'Jour ».

Sur le boulevard, le jour baisse. Dans le ciel, de longues traînées hésitent entre le bleu et le noir, de toutes petites étoiles se mettent à clignoter.

Les trois garçons avancent par rang de taille. Petit-Caillou, en premier, puis les deux autres par ordre décroissant.

Il est vraiment grand, Petit-Caillou, ça veut dire que c'est toujours lui qu'on repère en premier dans les rangs.

« Petit-Caillou, lui dit toujours monsieur Fuchon, le surveillant, je t'ai vu ! C'est simple, c'est net, c'est précis, tu files à la porte mon garçon ! »

Inévitablement les yeux de Chang étincellent de fureur.

« Il n'a rien fait », marmonne-t-il entre ses dents.

— Toi, fous pas ton grain de riz, réplique fatalement monsieur Fuchon. C'est simple, c'est net, c'est précis, tu files à la porte mon garçon ! »

Comme ça, il arrive qu'entre le platane et les W-C, Petit-Caillou et Chang jouent aux billes pendant l'heure de permanence.

Chang vient de loin, lui aussi. Il est arrivé par bateau avec toute sa famille. Quand on passe sur son palier, devant sa porte (la 1721) ça sent bon le gingembre et le riz chaud. Quand on passe devant celle de Petit-Caillou (la 989) ça sent les acras et la canne à sucre. Mais ces portes ne s'ouvrent jamais pour les copains.

C'est pourquoi Chang se rend tous les jours chez Grand-mère qui ouvre sa porte à tous.
L'esplanade est noire de monde. On reconnaît encore le bâtiment rose et bleu de la crêche, mais la fontaine, où barbotent habituellement les enfants venus des cinq continents, a disparu sous la scène. Un vacarme s'élève, essais de sono, d'ampli, de baffles. « 1-2-3 », disent les techniciens dans le micro. Enfin tout est prêt. Basses, synthé et batteries se déchaînent, les lumières roses et bleues papillotent, les canons à fumée crachent, et les rayons laser lacèrent le ciel de leur faisceaux bleus.
Jamel et Yacine sont postés au premier rang, rouges de plaisir sous leurs visières flambant neuves sur lesquelles on lit en lettres fluo le nom de leur footballeur préféré. Léa sourit et fait des grands bonjours. Kateb, agrippé à la laisse comme à une barre de ski nautique contient tant bien que mal l'enthousiasme de Roberto. Celui-ci jappe de bonheur, se tortille, agite sa queue en panache. Quant à Julot, tassé dans les bras de Yacine, les oreilles rabattues, il se fait le plus plat possible.
Il fait soudain très noir. Au loin l'église de Belleville sonne dix coups. Un seul projecteur fait un halo sur la scène. Le plus grand rappeur du monde, le plus célèbre et le plus doué, Baby Jim, en profite pour faire son entrée. Avec sa tenue léopard et sa dé-

marche élastique, on dirait un grand tigre qui parcourt la savane.
Coiffé d'un large béret bariolé au-dessus de dreadlocks innombrables, il a fière allure. Il empoigne le micro et entonne de sa voix inimitable le *Hip-Hop du Rap Top*, celui qui lui a rapporté le disque d'or.

Goutte d'Or, Belleville, Créteil, Harlem, Lagos,
Yellows, Ptits Beurs, Pâlots, Métèques et Blacos
Notre père est le ghetto, notre mère la violence.
Refrain :
C'est un rappeur rapide qui le dit, c'est un rappeur
C'est Baby Jim, mes frères, Baa-byy Jimmy.

Chang, la visière sur la nuque, bondit sans bruit sur le podium. Ses semelles blanches amortissent ses pas.
Moi c'est Chang ou Bambou ou Grain de Riss
Je rappe rapidement, les rapaces rapetissent !
Trois pirouettes, deux voltes, un grand écart accompagnent son rap. Puis une toupie à douze tours. Pour la toupie, Chang est imbattable. De la scène, il aperçoit Yacine et Jamel qui le contemplent, bouche bée. Il leur fait signe de monter. Les deux garçons hésitent, c'est tentant. Que dire ? *Moi c'est Yacine, l'joueur de foot du désert ? Et moi, Jamel l'spécialiste des Malabars* ? Peut-être pas très pro… Charles-Ed empêtré dans sa cravate à fleurs et son

blazer, raide entre ses parents, ne reconnaît personne. Baby Jim rappe dare-dare. De son inimitable voix cassée, il encourage Chang qui n'en a guère besoin. Ses deux copains, timides, hésitent encore à monter sur scène mais Petit-Caillou d'un seul bond prend place à ses côtés et se démène comme un malade en chantant *Hun hun hun.* Chang entame son quadruple saut périlleux quand un bruit assourdissant se fait entendre. Un coup de feu éclate dans la nuit. Suivi de cinq autres. Projecteurs et réverbères s'éteignent, pulvérisés. C'est l'obscurité totale.
Un silence inquiétant s'installe. Soudain on entend des cris étouffés. Puis des appels au secours, des pas précipités, une clameur, des « Hé ! mes pieds ! », des « Pouvez-pas faire gaffe ? » Un cri : « Chang, Chaaaang ! » Puis plus rien.
La foule se disperse comme un torrent en crue. Les gens se marchent sur les mains, sur les pieds et même sur les oreilles.
Les organisateurs ont allumé les phares des voitures. Sur la scène, on distingue la silhouette de Petit-Caillou, couché sur le dos. Auprès de lui, une masse sombre baigne dans une flaque noire : Baby Jim, le roi des rappeurs, un trou rouge dans la tempe. Mort. Et Petit-Caillou ? Il se frotte les paupières et rencontre le regard fixe du cadavre à ses côtés. Tout le monde a disparu. Chang, Grand-mère et puis Yacine

et Jamel, rentrés direct à la maison dès le premier pang, sans s'occuper de lui !
Qu'est-il arrivé ? Pourquoi ces coups de feu ? Péniblement il se met en marche.

Dans la chambre, Yacine et Jamel discutent. Il est tard. Pas loin de minuit. Charles-Ed qui, après le drame, a subitement reconnu ses copains et a obtenu de ses parents l'autorisation de dormir chez eux, veut faire des déclarations à la télévision et alerter la presse.
Il faut plutôt agir avec diplomatie, ruse et célérité, préconise Jamel. Évidemment c'est encore un coup des Malabars de Belleville ! Le mieux est d'aller chez Grand-mère, puis chez Petit-Caillou. Il saura peut-être quelque chose. Le mieux est surtout de ne pas attirer l'attention des parents qui, de toute manière, s'y opposeraient, au nom de la prudence et de la sécurité. Ou bien exigeraient d'accompagner le trio.
Ils sortent à pas de loup, équipés d'une torche. Il y a encore des lumières et des promeneurs sur le boulevard. Mais chez Grand-mère personne ne répond au grelot aigrelet. Et ils ne connaissent pas l'étage de l'appartement de Petit-Caillou.
« Sonnons à toutes les portes, suggère Yacine, on finira bien par le trouver. » La mauvaise nouvelle, c'est qu'il y en a 1888, des portes.

À la quatorzième, le gardien en pyjama sort de son poste d'observation vitré et les empoigne par les oreilles.
« Que je vous y reprenne, et je vous les taille en pointe ! » souffle-t-il en les poussant sans douceur vers la sortie. Les garçons repartent bredouilles.
Juste après le crime, Petit-Caillou avait galopé jusqu'au commissariat. Sous la pancarte « Accueil », un gardien de la paix somnolait.
« Qu'est-ce que tu fous là, petit ? grinça-t-il. Disparais ou je te fourre au placard.
— Grand-mère, Chang... disparus, avait bredouillé Petit-Caillou.
— Qu'est-ce qu'il raconte ? » s'enquit un deuxième policier.
Les deux hommes sentaient l'anis et la cigarette.
« Sur l'esplanade, un crime a été commis ! » insista Petit-Caillou.
Juste à cet instant la sonnerie du téléphone retentit, donnant l'alarme. Les policiers s'engouffrèrent dans leur fourgon, démarrèrent en trombe, précédés par le chant de la sirène qui s'égosillait. Petit-Caillou les suivit de loin et à pied.
Ses larmes s'écrasaient sur le bitume avec un petit bruit d'été.
Les policiers firent leur travail. Ils dessinèrent à la craie sur la scène les contours du mort, lui jetèrent

une couverture sur la face, relevèrent les empreintes, prirent les noms des badauds qui ne savaient rien, enfournèrent le corps dans un fourgon, rebranchèrent le *pimpon* et disparurent dans la nuit.
Le lendemain, ils perquisitionnèrent dans les immeubles des alentours et sonnèrent même à la porte de Grand-mère.
Hélas ! Encore une fois, personne ne répondit au grelot aigrelet. Dans le garage, la Harley de monsieur Kishésha, à l'abri sous une bâche depuis plus de vingt ans s'était volatilisée !
Ils remarquèrent des traces toutes fraîches de pneus sur les graviers.
« Un véhicule a roulé, remarqua le premier policier, note, Robert », enjoignit-il au second policier. Robert nota. Puis ils rentrèrent au commissariat et procédèrent à l'enquête.
Jamel, Yacine et Charles-Ed, le nez à la grille, avaient un plan. Et même plusieurs. Munis de la boussole et de la torche, ils ne cessaient de se traiter de patate, chacun étant sûr d'avoir échafaudé la meilleure combinaison.
Quand ils rentrèrent, les chiffres électroniques du magnétoscope étaient sur le 12. Dans leur chambre, Léa et Kateb parlaient fort. Yacine les entendit à travers la cloison. Toujours revenaient les mêmes mots mots : événements, danger, terrorisme, et ultima-

tum. Kateb avait une grosse voix, Léa, un ton ferme. Elle articulait : « Le petit restera là et c'est tout. » Les garçons se sont glissés dans leurs lits. Dressé dans sa couchette, Jamel a tendu l'oreille, les voix étaient très assourdies. Sur son duvet, Charles-Ed riboulait les yeux. Yacine écoutait sans bouger, il avait l'impression qu'il était question de lui, ou plutôt de son retour au village. Par-ci, par-là des syllabes émergeaient « ta famille » et « comme d'habitude ! » provenant indifféremment des deux protagonistes.

« Ils se disputent », a-t-il constaté d'un air lugubre. Tout de suite après il a ajouté : « Mais cette fois, ils dépassent la limite raisonnable !

— Qu'est-ce que c'est la limite raisonnable ? a demandé Yacine.

— Les gros mots qui sont permis à la maison. Les autres, ne doivent pas sortir de la cour de récré, même si on les entend à la télé ! »

Ils ont écouté encore, plus rien. Une porte a claqué. Il y a eu des pas pressés. Alors Yacine et Jamel ont sorti leur jeu de cartes, ils font une « bataille corse » et Charles-Ed a perdu et ils se sont recouchés. Mais Yacine n'arrivait pas à s'endormir. Papa, maman, Nur Uyu et même ses sœurs étaient si loin. Et Chang avait disparu. Comme tout était compliqué ! Rien à voir avec une partie de foot, là au moins, les règles sont claires. Et les histoires de Charles-Ed sur

le gang de Belleville lui revenaient en mémoire. Dans le noir, ce n'est pas rassurant, il tremblait un tout petit peu ! Un peu le genre de sensation qu'éprouvent les acteurs de *Mission impossible*, la vieille série qu'ils aimaient regarder.
Au petit déjeuner, Kateb avait trois rides entre les sourcils et regardait son bol bleu d'un air méchant. Dans son peignoir rose, Léa était pâle, totalement absorbée par la confection des tartines. Quand dans le poste on entendit les mots « terrorisme, attentat, ultimatum », elle éteignit brusquement. Charles-Ed riboulait les yeux encore plus et jetait à Kateb des coups d'œil inquiets. Jamel et Yacine, des grains de Choquick sur le nez, ne commentaient pas comme d'habitude leurs exploits sportifs :
« Et oui ! Jamel a lancé sa céréale ! Va-t-il la conserver ?
— Tout à fait, Bruno ! Il la conserve ! Puis la passe à Yacine qui l'attrape au vol. C'est un bel envoi, c'est un beau match, une victoire éclatante !... »
Ils ne disaient rien. Roberto remuait faiblement la queue. Julot se frottait en vain aux jambes de Léa.
Kateb est parti. On a entendu ses pas vifs dans l'escalier. Il est revenu, très affairé, est reparti, est revenu encore. Léa se mordait les lèvres pour s'empêcher d'éclater de rire. Elle s'est levée.
Derrière la porte, un gros bruit de baiser a claqué comme une bulle de malabar.

« Eh oui, a commenté Jamel, ce fut un beau match, 0 à 0 !

— Tout à fait Bruno, les deux équipes sont prêtes pour une revanche amicale ! »

Charles-Ed qui avait englouti trois bols de Choquick a émis un rot sonore. Chat et chien ont eu droit à une ration.

Toute la matinée, les garçons en pyjama passent leur temps, collent des aimants sur le frigo, après ils les décollent, après ils soufflent dans les oreilles de Roberto, en disant : « C'est le vent de la steppe. » En un mot, ils se cassent les pieds. En deux, ils attendent l'heure de mettre leur plan à exécution. D'accord, ce n'est pas un match de foot, ni l'entraînement pour les JO mais c'est quand même l'aventure. Celle qui donne le frisson et chatouille comme une envie de rire.

LE CANAL SOUTERRAIN

Les parents sont couchés. Depuis une heure, il n'y a plus un bruit dans la maison. Les chiffres sur le cadran électronique de la montre de Yacine affichent *1*. C'est le moment.

Dans le noir, le trio reste sans parler. Cela a été très dur de ne pas s'endormir. Heureusement qu'ils ont joué à la console. Ils s'équipent. Ployant sous le poids de son sac à dos bourré de barres chocolatées et de boîtes de sardines, Charles-Ed ne peut empêcher ses genoux de jouer de la batterie.

Ils font « chut » à Julot qui dort en boule et n'ouvre pas l'œil. Roberto devine que quelque chose se trame. On l'emmène en tant que limier (son flair est légendaire) et garde du corps. Il remue en tous sens son panache noir. Jamel lui fait un signe, Roberto se calme et prend un air mystérieux. Le doigt sur la bouche, les garçons avancent à pas de loup dans l'appartement silencieux. N'allument pas dans l'escalier glacial et sombre, ni dans le hall. Le chien se faufile silencieusement derrière eux. Le cœur battant, ils ouvrent la porte cochère.

Le boulevard est plongé dans l'obscurité, ils le traversent en courant. Qu'est devenu Chang ? C'est la question qu'ils se répètent sans cesse. Yacine est chagrin en pensant à son ami. Pas de nouvelle, pas un appel. Rien d'autre qu'un silence désespérant.
La grille du jardinet de Grand-mère grince avec un bruit de ferraille. Une ombre étrange surgit. Le cœur des garçons se met à battre très fort. Roberto gronde. Mais ce n'est que Petit-Caillou encapuchonné dans son K-way.
À la queue leu leu, les garçons dévalent le faubourg du Temple qui descend en pente raide vers le canal. Roberto en chef de file, la truffe au sol. Yacine, agrippé à la laisse, a les bras raidis comme s'il faisait du ski nautique. « Moins vite ! » crient les trois garçons. Mais Yacine n'est pas maître de la vitesse. De temps en temps il décolle comme un cerf-volant.
« Qu'est-ce que t'as dans les muscles ? » grogne Jamel — Ch'est mou ! », surenchérit Charles-Ed qui s'empare de la laisse et ne tarde pas à être traîné comme un vulgaire ballot.
Tous les bazars sont fermés. Seules les lumières du dancing La Grâce de Dieu scintillent au bout d'une rampe de fer. Devant la poissonnerie, avec son gros dauphin peint en bleu, les garçons passent en trombe. Devant la vitrine de la supérette, pleine à craquer de craquelins, Charles-Ed se met à saliver.

Les rangées de macarons luisants, les paquets de Malabars et même les colliers de crottins de chèvre et les boîtes de sardines attirent son œil de badaud. Mais le moment est mal choisi pour admirer les vitrines. Les trois le rappellent à l'ordre.
Entre l'éléphant de stuc suspendu au fronton du Palais des Glaces et la boutique qui propose la véritable casquette de Zidane, s'étend le carrefour et c'est là que prend naissance le Canal saint-Martin. Qu'il est sombre et bizarrement parfumé ! Les essences des platanes qui viennent du square endormi se mélangent à l'odeur de moisi, celle de l'eau stagnante, dans un drôle de cocktail, pas très appétissant.
« C'est là », dit Jamel à voix basse.
La grille du jardin bordé de troènes est fermée. Sauter par-dessus est un jeu d'enfant.
Personne. Tout est noir. Désert. Effrayant. La maison de brique de l'éclusier forme une masse sombre. Il fait froid, mais les garçons sont en nage. Surtout Charles-Ed, qui a conservé son passe-montagne et son blouson. La grisette de pierre dans le square en face lui fait des grimaces. Ça le met mal à l'aise. En plus, il lui faut des toilettes à Charles-Ed. Tout de suite !
« Ta gueule ! crie le trio en chœur, va dans le buisson ! » Charles-Ed s'y glisse avec méfiance. Ils s'approchent de la tranchée. L'eau glougloute. Les portes

de l'écluse sont fermées. Elles sont à la fois immenses et vertes et les mousses collées au métal forment une pellicule luisante. Et si les vannes s'ouvraient ? Toute l'eau retenue prisonnière les engloutirait !
La sinistre supposition vient de Charles-Ed.
« Ta gueule ! » crie le trio pour la seconde fois.
Que l'eau est noire ! Plus noire que noire. Et si on se penche on distingue le tunnel qui mène à Bastille. C'est la partie souterraine du canal, l'invisible. Un courant d'air glacial circule. Une bouffée d'eau croupie et de vase les asphyxie.
Et c'est là qu'il s'agit d'aller...
Yacine et Jamel ont leur idée. Chang, qui fait de l'escalade, leur a parlé très souvent du canal souterrain. Il connaît une cachette. Une plate-forme entre l'eau et le sommet du tunnel. Une grille l'éclaire, elle donne dans le square Jules Ferry, sous le kiosque à musique. L'été, ça sent bon, a-t-il dit, à cause des massifs de giroflées. Pour l'instant, ça ne sent pas la rose. Toute la terre du square à la surface est crevassée, chamboulée, les barrières sont abattues, l'eau du canal souterrain brille à nu, au fond de grands puits sombres, débarrassés de leur grille. De quoi avoir la chair de poule pour le restant de ses jours !
Charles-Ed veut faire demi-tour. Jamel et Yacine ne sont plus sûrs d'avoir du courage. Petit-Caillou traîne la jambe. Même Roberto, toujours si vaillant, frémit.

Ils sautent à bas du mur et s'engagent le long du sentier de halage. Dans le noir, de grands frissons leur parcourent l'échine.
Soudain, Roberto tend l'oreille droite et s'immobilise, la patte gauche levée. Mauvais signe. Une grosse boule de poils hérissés s'est formée sur sa nuque. Danger. Il retrousse les babines d'un air féroce sur ses grands crocs blancs. Un grondement continu s'échappe de sa gorge, guttural comme s'il sortait des entrailles de la terre. Signification : attaque imminente.
Paralysés par la peur, Jamel et Yacine ont le cœur prêt à éclater. Petit-Caillou se tasse, devient tout petit. Charles-Ed a déjà fait demi-tour en hurlant.
Deux hommes barbus et moustachus s'approchent en ricanant. L'un d'eux se gratte la tête, qu'il a par ailleurs aussi chauve qu'un genou.
« Qu'est-ce que vous faites là ? » crie le premier barbu d'une voix caverneuse. Une balafre rouge coupe sa figure en deux. Leurs grosses chaussures lacées luisent faiblement à la lueur de la torche. Elles n'inspirent rien de sympathique. Aucun garçon ne sait quoi répondre et chacun pense à sa maman qui le croit endormi. Chauve-comme-un-genou insiste. Il sent l'ail. Un troisième, poilu aussi, arrivé à pas de loup, bloque la sortie, un bras derrière le dos.
Encerclés, faits comme des rats, les garçons !

Le dernier arrivé grimace avec un rictus diabolique. Il est vraiment couvert de poils, il en a sur les mains et les oreilles qu'il a énormes.
Soudain il tend le bras qui était caché et se met à crier d'une voix terrifiante :
« J'ai bien envie de le jeter à l'eau ! » Ce qu'il tend au bout de son énorme poing n'est autre que Charles-Ed, la tête en bas, comme un poulet prêt à cuire, au rayon boucherie.
Les garçons ont les genoux qui s'entrechoquent.
« Non ! Non ! crient-ils d'une seule voix, chevrotante.
— Au checours ! », hoquette Charles-Ed plus mort que vif. Mais personne n'écoute.
Gros-Poilu cependant l'inspecte sans se presser.
« Du Grenichon ! dit-il en examinant son blouson, ben, tu t'embêtes pas mon pote ! Je le revendrai facile ! »
D'un geste vif, il dépouille Charles-Ed de sa tenue comme on retire une peau de lapin.
« Ma mère va crier ! se lamente Charles-Ed. Mais personne n'entend.
— Complètement pourris, ces mômes à fric ! » observe Gros-Poilu en s'appropriant également le sac à dos, le K-way, les lunettes, la torche, la montre et les sardines.
Charles-Ed ressemble cette fois à un poulet déplumé. Il gémit. « Chauvez-moi, par pitié ! »

Ceci n'est pas du goût du deuxième agresseur ! Chauve-comme-un-genou, se croyant visé, lève un doigt menaçant. Les quatre garçons se sentent devenir fous de terreur.
C'est pas de la gnognotte, mais bien une sale histoire ! Comme dans les journaux. Comme celles que leur serine Jamel à longueur de soirée, le gang des Malabars !
« Cha devait arriver ! » pleurniche encore Charles-Ed, la tête en bas.
Aussitôt, son agresseur le secoue comme une laitue fraîchement lavée et s'enfuit dans la nuit en l'emmenant. Roberto qui montrait les dents depuis cinq bonnes minutes a soudain chargé. Les Malabars, méfiants, restent à l'écart. Seul Gratteur-de-tête se penche malencontreusement vers Yacine pour rattacher son lacet.
Roberto a cru qu'on l'attaquait. Malheur ! Vif comme l'éclair, il saute à la gorge de Gratteur-de-tête et se déchaîne. Le second Malabar le tire par la queue en criant que les chiens, ça le connaît. Le chien ne desserre pas son étreinte d'un millimètre. L'animal et les deux hommes pirouettent et roulent dans la boue. Le chien ne lâche pas prise. Il broie et pétrit la chair de Gratteur-de-tête sous ses grands crocs. Malabar numéro 2 l'a lâché, il gît maintenant sur le sol. Les pattes arrières de Roberto s'agitent à

un mètre des pavés car Gratteur-de-tête s'est redressé et Roberto ne l'a pas lâché.
Terrifiés, sans force, sans voix, les garçons craignent pour la vie de leur chien. Malabar numéro 2 le frappe maintenant sur la gueule, les oreilles, le museau. Déjà, le sang coule. De l'homme ou de l'animal, on ne sait pas. Petit-Caillou, qui a repris ses esprits, détale. Il escalade le mur de la tranchée, Jamel sur les talons. Ils vont jeter des projectiles depuis la grille, revenir avec des branches, appeler la police, les parents, enfin faire quelque chose. Yacine les suit, il se retourne sans arrêt, dérape et tombe au bord du gouffre. À dix centimètres de sa figure, bouillonne l'eau noire et puante du canal.
Soudain, la sirène de la police retentit. Des torches puissantes éblouissent le tunnel. Les policiers maîtrisent le chien. L'homme ensanglanté est jeté dans le fourgon. Les enfants sont installés dans la voiture banalisée. Malabar numéro 2 s'est enfui. Il a disparu dans le goulot sombre. Il n'y a plus trace de Gros-Poilu, encore moins de Charles-Ed qu'il a emmené avec lui. Horreur, misère, désolation. Un policier fait monter Roberto dans la voiture. Le chien s'allonge avec peine aux pieds des garçons.
Il a l'oreille fendue et des écorchures rouges constellent sa fourrure noire. Jamel et Yacine ont du mal à retenir leurs larmes, ils couvrent leur chien de baisers

puis se serrent sur la banquette sans parler.
Au commissariat, blêmes et échevelés, les parents les attendent, debout en rang d'oignons. Les trois garçons se jettent dans leurs bras et y versent des larmes abondantes. D'une toute petite voix les parents disent : « Là… là… c'est fini. » Ils ont la goutte au nez.
Ceux de Charles-Ed se tordent les mains, ils n'ont personne à qui dire : « Là…là… » puisque leur fils a disparu. Les parents de Petit-Caillou crient : « Ce que vous méritez, c'est un coup de pied où je pense pour vous remettre la raie droite ! » Tous les parents approuvent, ainsi que les policiers, les garçons n'osent pas dire le contraire. Peut-être sont-ils d'accord.

Charles-Ed… mort noyé ! Toute la nuit ce cauchemar hante Yacine. Il s'éveille en sueur. Les gros chiffres lumineux de la montre-calculette marquent 7 h 23. Sur la moquette, Roberto dort, ses grandes pattes noires raidies, Julot blotti contre sa fourrure noire. Plus de trace de douleur, le chien ronfle. Yacine court à la cuisine. Trop tard ! Il y trouve Jamel, le nez dans sa bande dessinée, qui déclare : « 7 h 12, j'ai encore gagné ! »
Papillotant de sommeil, Roberto, qui s'est enfin levé, les considère d'un air digne, l'œil gauche fixé sur les

bols remplis de Choquick. Dès qu'une miette tombe, sa langue rose balaye la zone de chute. Julot se poste devant le frigo, il attend que la porte s'ouvre sur les choses si appétissantes.
Les deux cousins sont moroses. Ils ressortent de la caisse des Lego oubliés depuis des siècles, les tripotent puis les assemblent sans plaisir. La seule chose qui leur plairait ce serait de faire un match de foot. Voilà ce qui serait bien. Mais, à deux, faut pas y compter. L'absence de leurs amis se fait cruellement sentir. Il ne reste donc qu'à attendre leur retour.
Yacine a reçu une carte de Nur Uyuni qui lui dit ceci : « Et toi ça va ? Moi ça va. »

CHINATOWN

Le soir du concert, Chang n'était pas resté à faire des bulles. Au troisième coup de feu, tous les sens en alerte, il avait couru jusqu'à la maisonnette de Grand-mère.

Celle-ci était au courant du drame. Elle avait déjà préparé des provisions, enfermé Max et Soja dans le side-car, et s'apprêtait à partir en enquête ! En habituée, elle avait sorti la vieille moto de M. Kishésha de son abri. Le gravier avait crissé quand elle avait démarré. Aux commandes de la Harley 1937, plus Œil-de-Tigre que jamais, avec son vieux casque à lunettes intégrées, Grand-mère avait à peine la pointe des pieds qui touchait terre quand elle s'arrêta devant la maisonnette pour faire signe à Chang de monter derrière. Stupéfait, Chang s'installa sur le vieux siège de cuir et entoura Grand-mère de ses bras. Couchée sur sa bécane, elle se mit à filer pleins gaz.

Sans un mot, ils avaient sillonné Belleville, toute la capitale et même la banlieue. C'était une sacrée motarde. Elle zigzaguait entre les bus et les voitures avec une grande agilité. À côté dans le side-car, Max et

Soja avaient des mines de vieux habitués. Chang n'était pas revenu de sa surprise Cherchait-elle l'agresseur de Baby Jim ? Grand-mère, c'était visible, savait ce qu'elle faisait. Elle arborait un air mystérieux, avisé et très sûr, aussi se laissait-il guider en confiance.

Grand-mère était-elle de la police ? Chang n'osait la questionner. Elle avait pris le boulevard extérieur et stoppait devant un bouquet de tours.

« Chinatown ! cria-t-elle soudain à l'adresse de Chang. Terminus. Arrêt casse-croûte. » Elle lui tendit quelques pâtés de poulet et un boudin de riz bien serré qu'elle coupa en tranches fines. Dans le side-car, Max et Soja suivaient les opérations en se léchant les babines. Grand-mère absorba du riz sucré et une impressionnante quantité de thé qu'elle tirait de sa Thermos fleurie.

« En avant », dit-elle enfin en posant un gros cadenas sur la Harley. Ils partirent à pied.

Chang se sentait morose. Il ne comprenait rien. Contrairement à ce qu'il espérait, Grand-mère n'avait rien dit. Il voulait avant tout savoir ce qu'était devenu Petit-Caillou.

« Ne t'inquiète pas, lui murmura Grand-mère, avant même qu'il ait parlé. Nous rejoindrons ton ami. Éliminons d'abord les Malabars. » Ainsi, ce n'était pas un conte, son aventure du boulevard ! Grand-mère

avait réellement eu affaire au gang des Malabars !
Silencieux comme des chats, ils se glissèrent le long des tours de béton. Parfois une petite pagode à toit rouge ou vert égayait la cour.
Grand-mère serrait les dents.
« Vous allez voir de quel bois je me chauffe ! » marmonnait-elle.
Grand-mère justicière ? Chang n'en revenait pas.
Le jour se levait, l'air sentait le persil chinois. Au pied des tours, les marchands déballaient des légumes et des bambous sur des étals de toile. Devant un immense supermarché d'où s'échappaient toutes sortes d'odeurs, deux jeunes filles assises en tailleur peignaient des lettres en forme d'oiseaux sur de longues feuilles. Elles firent un petit signe au garçon et un sourire à Grand-mère. « Wo de penyo she ren rao », leur cria-t-elle en désignant Chang.
« Qu'est-ce que tu dis ? demanda-t-il.
— Je dis mon ami est très bon. »
Chang sourit sans rien répondre. Une petite lumière blonde brilla dans ses yeux.
Ils traversèrent des dédales de cours et d'immeubles à toits recourbés. Un vrai labyrinthe. Puis une grande esplanade avec des restaurants en forme de pagode et des boutiques qui proposaient « des livres et des sandwichs ». Sur les murs, des affiches étaient écrites en caractères chinois, et des petites annonces

écrites au stylo sur du papier machine recouvraient les vitrines des magasins de vidéo. Des photos du futur stade de Pékin et du complexe pour les JO mettaient partout des taches de couleur. Ils arrivèrent enfin à un porche sombre.
Au-dessus de la porte, des lettres rouges à moitié effacées indiquaient « Shangai, Night-Club ». Au-dessous, les caractères chinois disaient la même chose, à la verticale.
Grand-mère s'arrêta, fit signe à Chang et au lieu de sonner à la porte, elle se glissa dans l'ouverture du soupirail qui la bordait. Elle connaissait même les boîtes de nuit et leurs passages secrets ! Chang écarquillait des yeux admiratifs et plein de points d'interrogation tout en la suivant à pas de loup. Il pensait à ses amis, à Yacine surtout, resté à Belleville. Il l'imaginait l'air pensif penché au-dessus de l'eau noire du canal. Et il se promettait de l'avertir le plus vite possible. Quant à Jamel, avec son air de détective et ses formules sorties des BD, Chang se disait qu'il avait sûrement sa théorie sur la disparition de Charles-Ed. Mais cela l'agaçait un peu, Chang, ce côté sûr de lui, qu'il apparentait à de la frime. Chang préférait moins de discours et plus d'action. C'était aussi le cas de Charles-Ed, toujours en train de se vanter, il était bien avancé, maintenant ! Enfin, les trois étaient ses amis et Petit-Caillou son copain de

classe, il l'aimait bien celui-là, et Chang était dans l'impatience de les retrouver. Tout à l'heure sans faute.

LA DESCENTE AUX CATACOMBES

À Belleville, pendant ce temps, Yacine et Jamel s'ennuient.
Rivés aux manettes, ils franchissent le troisième niveau de Anotère Ouorlde, leur dernier jeu vidéo. Léa les rappelle vertement à l'ordre.
« Ça suffit ! Vous allez vous abrutir. Prenez le diabolo et le badminton. On va au parc ! »
Alors, l'air dégoûté, Yacine et Jamel traînent les pieds jusqu'au parc. Là, ils font machinalement du toboggan, une fois, deux fois, vingt fois et mâchent sans y penser d'insipides Malabars…

À des kilomètres de là, Chang et Grand-mère, eux, ne s'ennuient pas. Les niveaux, ils les passent en vrai. Les aventures, ils vivent les en *live*, la chance !
Ils se sont enfoncés dans des caves glacées qui sentent le moisi. Enfin, une niche obscure s'ouvre sous leurs pas, ils s'y glissent. Sous les pieds, c'est gluant. Sous les mains, c'est froid.
« Nous sommes dans les catacombes, dit Grand-

mère. Nous allons être obligés de ramper, et même de nager parfois. »
Ils s'enfoncent dans le boyau obscur et marchent très longtemps. Ils dérapent, vacillent, ondulent et pataugent.
Tout à coup, une odeur fraîche d'argile et d'eau leur picote les narines, comme les bulles d'un Coca.
Une vaste galerie de pierres au grain serré s'ouvre devant eux. La muraille est douce au toucher, la mare si claire qu'on ne distingue pas la nappe d'eau.
« C'est beau », murmure Chang.
Ils débouchent dans un grand tunnel.
« Des traces humaines ! » remarque-t-il encore. Il cligne des yeux, ébloui.
Des graffitis bleus et rouges courent le long des murs. Mais l'issue est murée à moitié.
« Ces tunnels ont longtemps servi de carrières et d'abri, notamment pendant la guerre, explique Grand-mère. On dit que dans les parties les plus reculées, des gens peu recommandables se cachent encore ! Alors, les pompiers sont chargés de condamner les ouvertures. »
Chang frissonne. Qui sait s'il ne reste pas quelques emmurés ?
Il entreprend l'escalade du mur de brique fraîchement maçonné et adhère à la paroi comme un timbre à une enveloppe.

Ce qu'il voit de l'autre côté le pétrifie d'horreur. Une vaste caverne, aussi sévère qu'un tombeau de pharaon, aussi insondable qu'un labyrinthe, s'ouvre à ses pieds. À l'entrée de la grotte obscure, une inscription en lettres blanches, quasiment fluorescentes dans la nuit, annonce comme une fatalité :
Passant, tu es dans le Royaume des Morts ! Voyageur, aujourd'hui, résident, demain !...
Et des monceaux de crânes et de tibias brillent comme des perles sous la lune.
« Les rebuts du cimetière des Innocents », commente lugubrement Grand-mère Œil-de-Tigre.
Entassés comme des stères de bois, des squelettes esquissent un signe de leurs mains rongées.
Soudain, le point incandescent d'une cigarette brille dans l'obscurité.
Grand-Mère et Chang l'ont aperçu. Ils s'aplatissent derrière un tas d'os.
Des voix grasses et avinées leur parviennent, suivies par deux silhouettes, genre balafre, balai-brosse et moustaches… Les sosies de l'agresseur de Grand-mère, les jumeaux des barbus du souterrain !
« Les Malabars ! » chuchote Grand-mère. Chang sent des frissons tout le long de son dos.
« Va falloir se tirer ! On a loupé la mamie et le gosse ! dit le premier Malabar.
— Tu veux dire les deux gosses ! Ils vont parler ! Faut

les faire taire, pour toujours ! » décrète Malabar numéro 2.
Mais le numéro 3 ne dit rien. Assis sur un véritable arsenal de bâtons de dynamite, fusils et grenades, il brandit un Opinel. Peut-être destiné à la pause-saucisson car un chorizo se tortille justement entre ses doigts velus.
« Louper une mamie à dix mètres, faut le faire ! » remarque alors Gros-Poilu, en se taillant une rondelle d'un air impitoyable.
« Le chef va te tuer la tête ! » conclut-t-il en s'esclaffant, ce qui fait tressaillir ses trois tonnes de gélatine. Malabar numéro 2, à qui s'adresse la menace, est chauve comme un genou et se met à claquer des dents. Le troisième Malabar fourbit en silence son flingue, un browning redoutable. Grand-mère observe sans mot dire.
Chang est aux premières loges. Il ne manque aucun détail. Le problème, c'est qu'il a terriblement envie de se gratter le nez. Impossible ! Question de vie ou de mort ! Sa vie, d'ailleurs, il la voit défiler comme un film.
Est-ce que cela veut dire qu'il va mourir ?
Quand il était petit, il vivait près d'une grande plage de sable blanc. Les poissons avaient des reflets d'or. Après, il y a eu le grand bateau, et puis l'arrivée, l'école, Grand-mère, Jamel, Petit-Caillou… Ces sou-

venirs le ramènent à ses préoccupations.
Qu'est-ce qu'il pouvait bien faire, en ce moment, Petit-Caillou ?
Son ami est en danger.
Les Malabars s'apprêtent à supprimer les preuves, ils l'ont annoncé. Et Grand-mère qui ne bronche pas ! Elle perd la boule ? Chang, de toutes ses forces, essaie de lui faire comprendre le danger avec des mimiques, sans parler.
Mais Grand-mère ne bouge pas plus que le jour de sa grande démonstration.
Ce jour-là, la moitié de la classe la tirait par le bras droit, l'autre moitié par le bras gauche. Et Grand-mère, agenouillée sur son tatami, ne vacillait pas plus qu'un vieux moine zen. Elle ressemblait, d'ailleurs, à son cher monsieur Kishésha, dixième dan d'aïkido, en photo dans son dojo (ça rime).
Chang s'était senti fier.
« L'agressivité est mauvaise conseillère, lui avait enseigné Grand-mère ce jour-là. Si on t'attaque, retourne contre lui la force de l'adversaire. Mais garde toujours ton cœur propre, pas sali par la haine. »
Il n'est pas question de ça, aujourd'hui !
Mais qu'est-ce qu'elle attend ? se demande encore Chang. Elle dort debout ou quoi ? Petit-Caillou est menacé !
Ce que Chang a remarqué en premier, quand Petit-

Caillou est entré dans la classe le premier jour, ce n'est pas sa taille ni sa couleur, ce sont ses cheveux frisés. Crépus. Chang n'en avait encore jamais vus de semblables, les siens au contraire sont très lisses, il a ri intérieurement (Chang rit sans qu'on le remarque). C'est comme ça que Petit-Caillou est devenu son ami.
Et Petit-Caillou, ce qu'il avait remarqué chez Chang, perché sur l'unique platane de la cour, ce n'est pas sa souplesse de chat, ni son air chinois. Non, ce qui l'avait frappé, c'était les petites lumières roses qui brillaient dans ses cheveux noirs. Il lui semblait même qu'elles lui faisaient des petits signes amicaux. C'est comme ça qu'ils étaient devenus amis (sans jamais en parler. Il n'y a que dans les romans que les copains se confient).
Et grand-mère Œil-de-Tigre ne bouge pas. On dirait qu'elle dort. Il réalise qu'elle fait le vide en elle pour être libre d'agir au bon moment. Elle serre son vieux sac comme une kalachnikov. Un instant, Chang se demande s'il n'en dissimule pas une, justement, de mitrailleuse.
À ce moment, Gros-Poilu lève les yeux et aperçoit Chang. « Eh, se met-il à crier, le gosse, le Chinetoque ! » Les trois Malabars s'approchent avec des airs gourmands. Ils vont écraser Chang sous leurs trois cents kilos !

D'une détente silencieuse, Grand-mère bondit au-dessus du tas d'os, saisit les deux Malabars par l'intérieur des cuisses et les renverse sur le sol, en un seul mouvement. Un cri sauvage s'échappe de sa poitrine. Le troisième Malabar reste immobile, les yeux exorbités. Chang, tapi dans l'ombre, n'ose pas respirer. D'un bond, Gros-Poilu est sur lui. Il va l'écraser entre deux doigts ! Il se rappelle qu'il lui faut faire la « respiration juste » et le regard perçant. Mais il a beau aiguiser son regard comme une lame, l'homme le saisit par le cou. D'un saut de chat, Grand-mère fait face. Du sac, elle sort, non une kalachnikov, mais un katana, un grand sabre, qu'elle lui brandit sous le nez. Sa lame est comme le prolongement de son bras. Elle le lui pointe sous la gorge. Le Malabar esquive. « Toi, je t'aurai ! avec tes propres armes ! » crie-t-il. Grand-mère sait qu'un sabre qui coupe vite ne coupe rien, aussi prend-elle son temps, son poids bien réparti sur les deux jambes, la force dans les hanches.

Le Malabar se tend, entreprend d'assommer Grand-mère, virevolte, s'essouffle. Le sabre le tient toujours à l'écart. Chang, allongé sur le sol, n'en perd pas une miette. Enfin, dans un grognement, le Malabar se précipite de toutes ses forces pour anéantir Grand-mère. Il a mal calculé, celle-ci exécute quelques feintes et, d'un moulinet léger, administre le coup

final, retournant contre lui les forces de l'adversaire. Il roule dans la poussière dans un gros « floc ».
« Et de quatre ! » dit grand-mère Œil-de-Tigre. Puis elle range posément le katana dans son sac. C'est alors que, du tas d'ossements, parvient un faible gloussement :
« Bien cheté ! »
Chang sursaute. Horreur ! une silhouette blanche maigre comme une baguette sort de l'ombre où luisent les ossements comme des perles sous la lune. Cette silhouette se met à se mouvoir. Chang ne croit pas aux fantômes, bien sûr, mais il tressaille quand même. Et si, malgré tout, ils existaient ? Il en a vus au cinéma. Ou alors, si c'était un emmuré ?
L'emmuré approche à pas de loup. Plus près. Encore plus près. Chang, à l'affût, tous ses sens en alerte, tous ses muscles tendus, est prêt à bondir. Soudain, l'emmuré parle : « Ch'est quand qu'on rentre à Belleville ? ch'ai faim, moi ! » Cette voix lui rappelle quelque chose
Mais, c'est Charles-Ed, bien sûr ! Quel soulagement ! Les garçons se tapent sur l'épaule, Grand-mère leur fait signe de lever le camp. « On va prendre à droite, décide-t-elle, c'est plus court. »
Ils sentent bientôt l'air frais du matin et débouchent devant une vieille locomotive, immobilisée sur une voie ferrée désaffectée, elle-même devant une impri-

merie déserte. Sur la façade on lit en grosses inscriptions « Imprimerie de Paris XIII. Pilonnage de livres. Défense d'entrer ». Ils sont donc de retour dans la capitale ! Exactement sur la petite ceinture, entre le stade Charlety, la prison de la Santé (dont on distingue au loin les hauts murs) et le parc Montsouris. Charles-Ed est trop heureux pour songer à se lamenter sur sa tenue et sa faim. Il ne se plaint même pas de l'heure matinale, ni du froid vif. Chang lui a prêté son blouson qu'il a passé par-dessus son caleçon.
« Par ici la sortie », dit Grand-mère qui connaît l'endroit mieux que sa poche.
« Maintenant, café au lait-croissant », ajoute-t-elle.
Ils prennent place à la terrasse du bar du Lycée.
« Les Malabars sont en quelque sorte des rapteurs d'enfants, explique-t-elle enfin à Chang et Charles-Ed. Ce sont aussi des dealers, c'est-à-dire des revendeurs de drogue. Pour commencer, ils en donnent aux jeunes, à la sortie du collège par l'intermédiaire d'innocents qu'ils kidnappent, comme Charles-Ed. Et quand les jeunes sont bien habitués, qu'ils ne peuvent plus s'en passer, ils la leur vendent. Ou bien, ils font d'eux leurs esclaves, les obligeant à voler, et pire encore, pour se procurer la drogue qui leur est devenue indispensable. Ce sont de dangereux malfaiteurs. »
Les deux garçons qui attaquaient leur quatrième

croissant au beurre ouvrent des yeux ronds. Après un petit silence, Grand-mère ajoute :
« Tout cela est confidentiel ! Strictement entre nous. Mais il y a des mois que je les ai à l'œil !
— Ah, je comprends maintenant ton surnom *Œil-de-Tigre* » remarque Chang.
Grand-mère sourit sans répondre et se dirige vers la cabine téléphonique. « Elle pourrait avoir un portable ! » remarque Charles-Ed.

Grand-mère n'avait pas fini d'avoir des ennuis ! Avec les Malabars et même avec la police. On n'a pas le droit de rendre la justice soi-même ! De cela, Charles-Ed en est sûr ! Mais les fourgons qui passent en trombe dans les hurlements de leurs sirènes déchaînées interrompent là ses réflexions. À l'intérieur, on aperçoit les silhouettes affaissées des trois Malabars, menottes aux poignets, en route pour la garde à vue. Et ce n'est pas tout ! Avant même que Grand-mère ait repris sa place devant sa tasse de tilleul, deux inspecteurs en imperméable surgissent. Ils saluent Grand-mère, la félicitent pour son flair et sa maîtrise d'enquêtrice.
« Tout est réglé, disent-ils, les malfaiteurs sont coffrés. Y compris l'assassin de Baby Jim qui n'avait rien à voir avec les Malabars.
— Règlement de compte entre rappeurs ! » mur-

mure Grand-mère.
Les policiers acquiescent, prennent Charles-Ed par le bras et l'entraînent vers une voiture banalisée pour le ramener à sa famille.
Charles-Ed, qui a depuis longtemps perdu l'usage de la parole, n'en revient pas. Grand-mère serait donc détective ? Commissaire ? Enquêtrice à son compte ? Agent secret comme James Bond ? Il ne s'en serait jamais douté !
Sur le trottoir d'en face, une agitation se produit autour des panneaux d'affichage du collège. Les résultats d'examens ! Chang regarde la foule colorée qui envahit la rue.
« Je vais récupérer la Harley de M. Kishesha, lui dit Grand-mère. Attends-moi là, tu vas bientôt retrouver ton ami sain et sauf. »
Quand elle revient une demi-heure après, Chang n'a pas bougé. Elle met les gaz, l'appelle. En vain. Il est figé. Sauf le regard, jaune comme le soleil et très vivant. Grand-mère reconnaît sur ses traits le paysage de l'amour. Elle attend. Chang n'entend rien, ne voit rien. Sauf la silhouette de la collégienne, de l'autre côté de la rue.
Deux étangs pour les yeux, une mer étale pour les cheveux, pour les mains des étoiles, et pour la jupe, un morceau de nuage. L'air d'attendre sa copine. Quand celle-ci arrive, une petite frisée, elles dispa-

raissent dans la boulangerie en riant.
S'il pouvait prendre la place de la copine ! Pour la première fois Chang sent une épine se loger dans son cœur.
Il grimpe sur le siège arrière de la routière, Grand-mère démarre. « Je reviendrai, murmure-t-il pour lui même. Quand je serai grand. »
En attendant, il a hâte de retrouver ses amis.
À Belleville, Yacine, confortablement installé au bureau de Jamel, une carte postale de la tour Eiffel sous le nez, a écrit le nom de Nur Uyu et son adresse. Pour le reste, à part « toi ça va ? » l'inspiration se fait attendre… Il tue le temps en attrapant des mouches. Jamel, armé d'une tapette, essaie de les assommer en plein vol. En vain.

ALICE

Léa et Kateb regardent le petit écran avec des yeux horrifiés.
« Ultimatum, terrorisme, cibles militaires, civiles, bombes, guerre… » répète le journaliste, mais ce n'est pas du même pays que l'autre fois dont il parle. On voit tantôt une ville pleine de poussière aux immeubles dévastés, une autre fois des bébés qui pleurent, puis des enfants qui jouent dans la poussière et des femmes voilées qui font la cuisine avec trois fois rien, puis des jeunes filles qui expliquent qu'elles veulent étudier, enfin des vieux mélancoliques et des soldats tristes. Sur un fond de désert beige et rose, on voit des avions de guerre et des armes redoutables pointées vers le ciel. Ce désert ressemble à celui qui longe le village. Bien sûr, devant le village de Yacine, il n'y a pas de missiles Scud. Seulement de temps en temps, un chameau avec son guide ou un petit chacal pressé.
Tous les soirs au journal de vingt heures, des messieurs sérieux parlent de tirs, d'attentats. Le pays qu'on voit dans l'écran doit être bien malade. Et si

c'était celui de Yacine ? La peur lui serre le cœur. Jamel hausse les épaules. Léa et Kateb parlent à voix basse. Ils sont très câlins avec Yacine. Cela agace un peu Jamel. Léa a expliqué que son retour serait peut-être retardé en raison des événements politiques qui se décident actuellement et qu'on voit à la télé. Yacine a senti les poussières lui picoter les yeux. Léa a dit que pour l'instant on partait en vacances, qu'il serait bien temps d'y penser après, au retour.
Les deux garçons ont obtenu des parents l'autorisation d'emmener Chang.

Enfin, la voiture bleue de Kateb se remplit de sacs à dos, le panier de Julot est sanglé sur la plage arrière et Roberto se couche aux pieds du quatuor. À peine le temps d'échanger quelques blagues et les voilà partis en direction de la maison d'Alice, la cousine de Jamel.
Charles-Ed veut grignoter des sucreries pendant le trajet. Comme elles sont au fond de son sac, il sort un à un ses tee-shirts, ses sweats, ses bermudas à fleurs de palme, et jusqu'à son savon, tous étiquetés Grenichon.
Plus besoin de dire : « Qu'ai-che fait de mon blouchon ou de ma cachquette ? remarque-t-il d'un ton docte, où est mon Grenichon sert à tout exprimer, je gagne du temps. » Enfin il pêche un gros paquet

de bonbons, en donne un à chaque copain et engloutit le reste. Il demande ensuite qu'on s'arrête parce qu'il a mal au cœur. Puis au ventre. Enfin, le toit de tuiles de la maison d'Alice apparaît dans l'ombre mousseuse des pommiers. Juste après, on voit la barrière blanche. Et Alice, en robe bleue ; ses longs cheveux scintillant au soleil.

Yacine découvre les champs de boutons d'or, les grands peupliers, les chênes et les haies d'aubépines, les vaches et surtout la rivière. Elle frétille entre les pierres, se glisse sous les saules, entortille ses longs cheveux verts autour des rochers, serpente dans le petit bois. Vive, puis paresseuse, parcourue de petits poissons transparents, elle murmure toute la journée.

Enfin, il y a le soleil, c'est bon de le retrouver. Et aussi les cigales, les grillons, le parfum du soir, quand le jardin se sent libre et que montent les senteurs du fouillis de fleurs et d'herbes. Yacine en oublie presque le terrain de foot et Nur Uyuni qui s'escrimait sur le ballon. Il y pense de moins en moins. D'ailleurs il n'y en a pas, ici, de ballon. La maison se dresse au milieu d'une prairie bordée par la rivière et entourée d'une grande forêt.

De temps en temps, un « plouf » vient rompre le silence. « C'est une poule d'eau », dit Alice. Ses longs cheveux dansent au-dessus de son maillot et ses yeux

ont la couleur des clochettes du pré.
Elle a mis à l'eau un matelas pneumatique, elle dit « viens » et entoure Yacine d'une bouée, sans se moquer. Elle sait bien qu'au désert, à part le trou d'eau de la palmeraie et l'oued qui se remplit l'hiver, on ne connaît pas la rivière. Ils pagayent. Sur l'autre rive, un poney à la robe baie mâchonne des herbes en les observant. Ses gros yeux bordés de grands cils sont aussi tendres que des Carambars (mâchés).
Toute la journée, Yacine est à la rivière. Il lance des cailloux dans l'eau, siffle les grenouilles, attrape les vairons à la bouteille. Une fois, il a même failli se noyer. Alice l'a repêché. Elle n'en a parlé à personne. Depuis, tous les matins, Yacine apprend la brasse et la planche. Déjà, il sait flotter et se mouvoir dans l'eau en s'ébrouant comme un petit chien.
Alice est beaucoup plus grande que Yacine, elle va au collège, c'est vrai qu'elle est douce. En attendant ses amis du même âge, dont le fameux Will, le cousin de Jamel, elle joue avec eux. Au ping-pong, au croquet, un jeu très ancien avec des arceaux de fer et une balle de bois, ils font des balades à vélo, suivis par Bado, le petit chien d'Alice, et par Roberto. Bado galope, oreilles au vent, et son museau carré évoque l'avant d'un camion. Roberto a une longue foulée ; parfois il ramasse un bout de bois dans sa gueule et le lance en l'air ce qui fait hurler de joie le

petit chien. Si Yacine est sérieux, Bado l'est aussi, mais s'il est d'humeur joyeuse, le chien se met à sautiller en jappant.

La cabane d'Alice se dissimule dans les hautes herbes. Les trois autres garçons y sont invités. Ils quittent un instant leurs parties de cache-cache, d'épreuves sportives, de ping-pong, de tir avec des petites boules de couleur, et leurs sacrées manettes que Charles-Ed a embarquées et qu'il ne lâche guère. On se perche à califourchon sur le toit, on crie : « Go ! À la vie, à la mort ! » et on saute. Charles-Ed est très fort pour crier « Go ». Mais il ne saute pas, il reste agrippé au toit en riboulant les yeux.

« Ch'est ekchtrèmement danchereux, répète-t-il sans cesse.

— T'as le derrière plus sucré que nous ? » lui demande Alice.

Charles-Ed opine du chef, sans trop savoir ce que cela signifie et tout le monde pouffe de rire. Lui aussi.

Devant les limaces, les moustiques, les fourmis et même les chiens, il pousse des cris horrifiés. Vivement rappelé à l'ordre, il préfère amener la conversation sur ses soixante-treize jeux vidéo, ses deux ordinateurs et les trois voitures de son père. Personne n'y fait attention mais on reconnaît qu'en ce qui concerne les vols planés, les plongeons (involon-

taires), les piqûres de moustique et les dérapages dans les flaques de boue, Charles-Ed détient les records. À inscrire au Guide. À la stupéfaction générale, Charles-Ed retient larmes, piaillements et lamentations. Hormis quelques insolations, indigestions et écorchures diverses, Charles-Ed se sent heureux comme un roi et joyeux comme une nichée d'hirondelles.
Quant à Chang, ses yeux brillent, quand il n'est pas en train de se donner à fond dans un jeu, on peut être sûr qu'il est perché dans un arbre. Il fait du sport, il a hâte de grandir… À la prochaine rentrée, il va s'inscrire dans le collège de la fille à la jupe comme un nuage. Mais il reste très mystérieux quant à ce projet. Énigmatique même. Jamel a quand même pu lui arracher un secret : Chang se serait rendu plusieurs fois à la sortie dudit collège en séchant ses propres cours pour « motif réel et sérieux ». Il se serait même écrit un mot de parent pour justifier son absence. Ledit mot se serait avéré louche aux yeux de monsieur Fuchon qui aurait mis un vrai mot à signer dans le carnet de correspondance. La signature étant en pâté, monsieur Fuchon aurait téléphoné aux parents de Chang. Heureusement que ceux-ci ne parlent pas très bien le français… Suffisamment quand même pour que Chang reçoive une râclée.

Le motif réel et sérieux, l'approche de la fille à la jupe en nuage, aurait porté ses fruits : elle a accepté de lui parler. C'est ce que Chang a confié à Yacine au cours d'une séance de saut de la mort sur le toit de la cabane. La fille s'appelle Plume et elle est en cinquième, elle aime les chevaux, la danse et les stars. Yacine n'en sait pas plus et se dit en lui-même, quand il a le temps, c'est-à-dire juste avant de s'endormir « à suivre ». Mais il est trop absorbé par ses propres « motifs réels et sérieux » pour se casser la tête. Sa famille, bien sûr. Et puis Alice. Elle a beau être grande, c'est une amie. Et puis il aimerait grandir. Comme Chang. C'est pour ça que ça ne le gêne pas trop que son copain ait changé. D'abord il a pris au moins trente millimètres et il chausse du 37, mais surtout, il est moins avide de jeux. Ou alors ce sont des jeux d'endurance et Yacine n'aime pas ça. Enfin Chang est plus… plus à part. Yacine ne sait pas quel mot il faudrait employer mais il voit bien que Chang est plus en lui-même, comme s'il avait passé un cap à Man kilède, mais dans la vie.

Mais ce qui est génial c'est qu'Alice a découvert au grenier un vieux bouquin, que sa mère lisait quand elle était petite, *Trois Petits Diables*, et que cette lecture fait rêver.

Et s'ils faisaient une expédition, comme les héros ? Avec vivres et boussole, plan secret, départ à l'aube

et lits bourrés de traversins pour ne pas éveiller la curiosité. Motus devant les parents. L'enthousiasme est unanime, le jour J est fixé à demain.
Selon Charles-Ed, si on veut piquer une tête dans l'étang des Lunes vertes au lever du soleil, il faut avant tout s'organiser. Gérer le *timing* avec précision. Faire des veilles. Comme pour la Transatlantique. On tire à la courte paille.
Premier quart : Charles-Ed a été désigné par le sort, deuxième : Jamel, troisième : Yacine, quatrième : il faut trouver un arrangement entre Alice et Chang. Difficile parce que Alice a sa chambre en haut mais exceptionnellement elle pourrait assurer une veille.
Une provision de grains de café va leur permettre de se tenir éveillés (dans le livre, ils en croquent toute la nuit) et même une cuillerée de café soluble. Infect !
Au moment crucial, c'est-à-dire au premier quart, Charles-Ed mâchouille ses grains. Il crache, s'étouffe, s'accorde quelques bonbons bien mérités, ferme une paupière, garde l'autre ouverte… et sombre dans un profond sommeil. Quand il se réveille quelques heures plus tard, le caramel au bec pendant comme une limace, il a encore la force de secouer Jamel :
« Michion accomplie. À toi, mon pote. »
Surpris en plein rêve délicieux (il marquait un but après une « retournette »), Jamel ronchonne, se gratte le bout du nez et court après le ballon.

Quand Alice est éveillée par les grands rayons de soleil qui entrent par la fenêtre, Yacine vient de réussir un tacle sur le gazon vert de Belleville, celui qui est « interdit à tout jeu de balle », comme c'est écrit sur le panneau. Dans son sommeil, il crie « génial » et ses boucles, on dirait un petit champ de blé qui aurait poussé sur l'oreiller. Quant à Chang lui, arrangement ou pas, il dort, et ses yeux forment deux accents aigus dans sa figure bronzée.

Alice descend en vitesse, secoue les quatre garçons. Il est temps de déguerpir s'ils ne veulent pas entendre le tintement des cuillères dans les bols de café ! Et répondre aux milliards de questions des parents, jamais fatigués d'en poser.

Tout le monde ayant dormi tout habillé, il ne reste qu'à sauter par la fenêtre.

Au premier kilomètre, Charles-Ed trouve le sac trop lourd, au deuxième, il a soif, chaud, mal ici, et surtout là, et très envie de faire pipi. Au troisième, il crie « che n'en peux plus ! » et tout le monde est découragé et traîne la patte. Sauf Alice, qui marche devant et cueille des mûres. Enfin, ils poussent tous un « ouf ! » en voyant miroiter la surface de l'étang.

L'eau est douce, des petits poissons zigzaguent entre les nénuphars. « Gla-gla » dit Charles-Ed qui regrette le carrelage de la piscine de la Résidence Royale. Dans l'étang, il sent de drôles de choses qui se tré-

moussent sous ses pieds.
Une barque verte se balance sur l'eau au bout d'un cordage.
« On va jusqu'à l'île ? » propose Alice. Yacine a déjà détaché l'embarcation, Jamel a sauté dedans, Chang a fixé les rames et Alice s'en est aussitôt emparée.
« Ch'est rigoureusement interdit », bredouille Charles-Ed dont les pieds nus s'enfoncent dans la vase.
— Pousse ! ordonne Jamel.
— Ch'est crès gangereux », bredouille encore Charlot qui en a jusqu'aux genoux.
Alice rame, Jamel lui donne quelques conseils, insiste pour la relayer. Quand ils changent de place, la barque manque de se renverser. Une libellule volette autour d'elle, se pose sur son épaule et les reflets de ses ailes ressemblent à ses yeux. La rame s'immobilise soudain… sur un fond boueux ? Jamel enfonce les rames de toutes ses forces pour décoller l'embarcation. Charles-Ed, descend sur le banc de boue et guide la manœuvre.
« Pousse ! » lui ordonne le trio. La barque enfin glisse sur l'eau.
Soudain, ils ne distinguent plus sur la coque que les doigts agrippés de Charles-Ed. Le reste de sa personne a disparu. Ils crient, tirent sur les poignets de Charles-Ed, sur son sweat, gonflé comme un oreiller.

La barque manque de chavirer, Alice, debout, maintient les rames, les garçons s'activent en jurant : « Grosse patate, espèce de mammouth, remue-toi ! »
Quand ils le hissent, rouge, suffoquant, expectorant, les yeux exorbités, les cheveux en houpette, Charles-Ed hoquette : « Y avait un trou ! »
L'île est déserte et verte. Endroit rêvé pour un pique-nique.
« Tout à fait Jean-Michel ! » Yacine prend le ton d'un reporter sportif et bloque l'œuf dur que lui lance Jamel. « C'est un beau match ! » ajoute celui-ci du ton enjoué d'un commentateur de télévision.
« L'antenne est à vous », hurle Charles-Ed tout en se gavant de chips et de Vache qui rit qu'il pousse avec ses doigts car ils ont oublié le pain. En sa qualité de « reschcapé », il a droit à de plus grosses parts, c'est normal. Enfin, c'est son point de vue.
Pour la partie de cache-cache en forêt, Alice accepte de jouer, elle fait équipe avec Yacine, Jamel se débrouille avec Chang, question de rapidité, disent-ils, quant à Charles-Ed, il colle. Ainsi, en a décidé le « plouf », on n'y peut rien.
Charles-Ed est donc nez à nez avec l'écorce d'un grand chêne. Il compte à haute voix : un, deux, trois, quatre, chinq, chix, chept…
Chang et Jamel ont sprinté jusqu'à la lisière de la forêt. Ils se sont cachés dans un fourré si épais qu'ils

se demandent même (à voix basse) s'ils vont réussir à en sortir.
Yacine et Alice vont se cacher à la cime d'un grand orme. Yacine en profite pour tresser une petite couronne de feuilles qu'il pose sur les cheveux d'Alice. Comme ils sont doux et fins, des fils de soie ! Les cheveux de Yacine, c'est de la brioche dorée. Et ses yeux, deux morceaux de ciel, quand il est à l'orage. Aucun des deux, bien sûr, ne fait part à l'autre de ses réflexions.
Yacine préfère raconter à Alice le désert et ses hommes bleus. Alice raconte des histoires de momies enfouies au fond de pyramides poussiéreuses, puis passe à l'Enfer vert, la forêt tropicale. Elle dénombre les méfaits de la redoutable mouche tsé-tsé qui endort ses victimes à jamais. Alice est imbattable pour ce qui concerne l'Afrique, elle a voyagé, et la mouche tsé-tsé la fascine. D'ailleurs, elle sera médecin sans frontières, partira en mission en Ouganda, dormira sous la tente. Et elle créera son hôpital de brousse. Et aussi un refuge pour les animaux. Yacine, quant à lui sera reporter et il aura une Jeep et peut-être un fusil mais uniquement pour éliminer les chasseurs d'antilopes. Non, pas de fusil, pas de violence, sinon, c'est être sauvage, autant qu'eux, coupe Alice. Bon, acquiesce Yacine.
Au fond du fourré, Jamel et Chang restent invisibles.

Alice et Yacine les trouvent agaçants.
« Toujours en train de se raconter des histoires de collège et de filles !
— Et de se vanter de leurs concours de vitesse comme si les autres étaient des escargots ! »
Soudain, Alice distingue des gémissements. Elle fait chut et tend l'oreille : les plaintes semblent provenir du tronc.
Un biche blessée ? ou un lynx ? Peut-être une antilope. Son sang de futur médecin de brousse ne fait qu'un tour. Elle passe la tête entre les feuilles et glisse doucement le long de l'écorce jusqu'au sol, prête à opérer le sauvetage. Même sans trousse d'urgence.
Yacine la rejoint.
La victime n'est autre que Charles-Ed. À plat ventre sur la mousse, il se lamente bruyamment :
« Ils m'ont laiché tout cheul ! j'vais le dire à Kateb ! »
Le retour est lugubre.
Il ne reste plus rien à manger et les kilomètres sont plus longs qu'à l'aller. Jamel et Chang ont tant fait d'épreuves de rapidité qu'ils ont des ampoules. Jamel s'énerve pour rien, Chang est silencieux. Charles-Ed n'en peut plus, Yacine a faim et Alice trouve tous les garçons ronchons.
Fourbus, au soleil couchant, ils réintègrent la maison, accueillis par les réflexions des parents furieux.
Le repas expédié, tout le monde va se coucher.

Dans le noir, Jamel et Chang, qui n'ont pas desserré les dents tout le reste de l'après-midi, chuchotent des histoires de filles.
« Vos boîtes ! » crient Yacine et Charles-Ed.
Yacine reste un moment dans le noir, les yeux grands ouverts en pensant au grand orme tandis que ses trois copains se disputent les couvertures.

LE RETOUR

Les vacances sont finies. Kateb et Léa ne parlent plus de danger, de guerre, d'événements, ils sont hâlés et souriants. La télévision a montré des décombres mais les hostilités ont cessé, le calme semble revenu C'est bientôt le départ.
Déjà ! Ils n'ont même pas eu le temps de s'entraîner pour les JO de Londres, ni même de faire des matchs, ni virtuels ni réels, ni de regarder la télévision !
Mais bon, qu'est-ce qu'on s'est amusés ! dit Alice.
Yacine approuve et on s'entasse sur les banquettes avec les sacs à dos, Roberto aux pieds, Julot dans son panier. Alice a promis qu'elle viendrait passer une semaine à Belleville et qu'elle enverrait des cartes à Yacine quand il serait rentré au village. Les garçons sont trop las pour se chamailler, ils somnolent et bientôt Yacine reconnaît les stores rouges des restaurants sur le boulevard de Belleville et le parfum d'épices et de menthe fraîche qui monte des éventaires.
Les feuilles des platanes sont rousses.
À la boulangerie, Léa tend à Yacine un immense sac

de papier : « Prends tout ce que tu veux », dit-elle en souriant.
Sans hésitation, Yacine vide la cargaison de Malabars.
Soudain ses yeux sont attirés par une grande affiche qui barre l'entrée du métro. Il reconnaît la photo des trois Malabars de Belleville avec, en dessous, écrit en gros :

AVIS DE RECHERCHE
Évasion spectaculaire du gang des Malabars de Belleville, écroués à la prison de la Santé depuis le remarquable coup de filet de la police en début de mois. Hier soir, malgré les efforts du ministre de l'Intérieur pour faire régner la sécurité au sein des prisons, les trois gangsters ont réussi à s'évader lors d'un transfert et n'ont pas été retrouvés. Les meilleurs limiers de la police, etc.

Le sang de Yacine se glace dans ses veines. Il tire Jamel par la manche ; incapable de dire un mot, il montre l'affiche. Les yeux exorbités, Jamel donne un coup de coude à Chang qui, lui-même, lit et tape sur l'épaule de Charles-Ed. Les quatre amis sont tétanisés. Sûrs que les Malabars vont chercher à se venger de celle qui a contribué à les faire arrêter, grand-mère Œil-de-Tigre.

Ils volent chez Grand-mère. Le grelot aigrelet résonne sans qu'elle se montre. Elle n'est pas là ! Affolés, ils veulent rentrer à toute vitesse à la maison, improviser un plan. Soudain la porte s'ouvre et Grand-mère apparaît en kimono.
« J'étais dans le dojo, leur dit-elle, je méditais, entrez. »
Les garçons se précipitent en mêlée dans la maisonnette et parlent tous en même temps.
« Grand-mère tu cours un grave danger ! articule enfin Yacine.
— Les Malabars se sont évadés, précise Chang, ils te cherchent !
— Pour te faire la peau ! ajoute Jamel.
Charles-Ed roule des yeux furieux et brandit le poing.
— Du calme ! répond Grand-mère et d'abord prenez un petit en-cas. »
Tranquillement, elle s'agenouille devant la table basse, leur sert riz et gâteaux de soja qu'ils ont fini par aimer, ajoute sucreries et jus de fruits et se sert du thé. Son air serein redonne du calme au quatuor. À cet instant, Max se met à grogner et, peu après, le grelot aigrelet retentit. Les garçons instantanément sautent sur leurs pieds et prennent une posture de karaté. Grand-mère ouvre. Une grande femme rousse habillée de l'anorak bleu et jaune de la poste

entre avec une sacoche.
« C'est pour les calendriers ! dit la femme.
— C'est pas Noël, fait remarquer Grand-mère.
— Je sais, dit la grosse dame mais c'est des calendriers scolaires, comme c'est bientôt la rentrée !
— Ma foi ! » dit Grand-mère et elle saisit son sac où niche son vieux porte-monnaie.
À cet instant la femme laisse tomber son anorak et brandit de dessous un long sabre étincelant.
« Je l'avais dit que je t'aurais avec tes propres armes ! » ajoute-t-elle en pointant son sabre sous le nez de Grand-mère.
Celle-ci lance sa jambe sous le nez de son adversaire – ce qui fait tomber sa perruque rousse – et elle sort son katana du sac.
« Chauve-comme-un genou ! » s'écrient les garçons en reconnaissant enfin le Malabar qui s'est déguisé en factrice.
Ils font aussitôt des katas comme ils l'ont vu faire dans les films de karaté, ce qui déstabilise le chauve. Chang a saisi le parapluie de Grand-mère. Toute son énergie passe dans son regard tandis que ses jambes font « le pas du tigre ». Quant à son bras, prolongé par le parapluie, il fend. Mais avec son long sabre, Chauve-comme-un-genou le tient à distance. D'un air féroce, il est prêt à le couper en deux. Chang résiste et se bat comme un lion. Yacine et Jamel lui

prêtent main forte, même Charles-Ed s'enhardit et émet des cris terrifiants tout en bougeant bras et jambes.
Sans perdre son sang-froid, Grand-mère a dégainé. Mais c'est alors que les deux autres Malabars, qui avaient encerclé la maison, surgissent par la fenêtre, lames en main et se précipitent sur Grand-mère. Sa maîtrise permet à cette dernière de s'adapter à l'incident : l'attaque surprise. Avec une totale discipline, elle exécute une périlleuse démonstration. Son katana trace des éclairs mortels devant ses assaillants, de plus en plus près. Au prochain, ils seront proprement tranchés.
Grand-mère, parfaitement concentrée, possède à fond l'art du iaï, le sabre.
« Elle est trop forte ! » crient ses adversaires se sentant perdus.
Au désespoir, pour échapper au sabre, Malabar numéro 2 tente une ultime percée vers les enfants. Le seul moyen de faire céder Grand-mère c'est bien de menacer ses petits chéris !
Tandis que, face aux deux autres, elle brandit sa lame « comme un éclair dans un ciel d'orage », le Malabar fait tourner la sienne au-dessus des quatre têtes des garçons. Les katas servent-ils encore ? Il va l'abattre ! Qui va-t-il trancher en premier ?
Chang, l'ami de toujours ? Yacine, le plus jeune ?

Jamel, le plus grand ? ou Charles-Ed, le plus faible ? Yacine et Jamel lancent bras et jambes avec une énergie redoublée. Yacine tape fort dans son tibia ce qui déstabilise le monstre. Pendant ce temps, Chang, transformé en Jet Li ou en Jackie Chan, lui expédie son pied en plein sur le nez. L'homme saigne et suffoque. Charles-Ed pousse cette fois le kyai, le cri qui tue.

Le Chauve n'est pas mort mais il s'essouffle et vacille. Cela sert Grand-mère. Déjà, en pivotant sur la droite, elle a cogné avec la poignée du sabre la main de l'autre Malabar et il hurle de douleur, le poignet brisé. Avec virtuosité, la main gauche de Grand-mère s'est placée sur le dos du sabre et d'un geste circulaire, elle a renversé Malabar numéro 2, tandis que son pied droit l'épingle au sol. Totalement hors de combat. Avant que Chauve-comme-un-genou n'ait achevé son moulinet fatal au-dessus des têtes, Grand-mère pivote d'un quart de tour sur la droite. Elle va trancher d'un coup son adversaire qui, sentant venir la mort, demande grâce et tombe à terre. Les garçons sautent sur son dos et lui bottent le derrière de toutes leurs forces.

Grand-mère se contente d'appliquer sans forcer son sabre sur le corps du Malabar, plus mou, plus élastique qu'un chewing-gum. Il lève les mains en signe de paix et s'écrie d'une voix apeurée : « Je comprends

maintenant le sens de votre surnom ! »
Posément, Grand-mère range son katana, félicite les garçons pour leur courage et appelle la police qui rapplique aussitôt avec un fourgon blindé. Plus de risque d'évasion !
« Bien joué, Grand-mère ! » crient les garçons.

Ils n'ont pas attendu les sirènes pour courir chez eux se remettre de leurs émotions. L'aventure, c'est bien. Mais un jour il faut rentrer chez soi, revoir les siens. Yacine est triste de partir, mais content de rentrer. Papa, maman, ses sœurs et ses amis lui manquent. D'ailleurs, dans quelque temps, ils viendront tous et, aux prochaines vacances, c'est Yacine qui reviendra. Promis. Juré.
Et les JO ? L'équipe de foot des poussins du monde ? Il reste des mois pour s'entraîner. Yacine pense que l'équipe prendra forme là-bas au village. Il faudra de vrais joueurs, pas juste des enfants triés sur le volet qu'on voit défiler avec des fanions. Peut-être Lakdar son père, pourra-t-il les entraîner. Et ensuite, pour les prochains Jeux olympiques, dans quatre ans, Yacine sera au collège. Les futurs champions commencent vraiment à cet âge-là.

LE PLUS BEAU JOUR DE NUR UYU

Nur Uyuni est fatigué. Réveillé aux premières heures du jour, il a sauté du lit en criant : « Yacine va arriver ! » Deux mois qu'il ne l'a pas vu !
Il s'est donc coiffé et il a revêtu sa tenue de fête. Celle que tante Fatima lui a donnée l'été passé, la presque toute neuve (le cousin Farid ne l'a portée que deux années).
Dans la cour, sous le figuier, il joue avec de petits cailloux, en attendant l'heure d'aller à l'aéroport. Le ballon de foot à côté de lui. C'est lui le responsable en l'absence de Yacine, parti chez le cousin Jamel. « Ah ! Celui-là, parlons-en ! » ne cesse de ronchonner Nur Uyu qui trouve trop longues les vacances de son ami.
Il a mangé machinalement le couscous et juste cinq ou six beignets.
« Tu es malade, Lumière de mes yeux, s'inquiète Aziza en lui touchant le front.
— Non, non », répond Nur Uyu, d'un air distant et préoccupé.

Il guette le ronronnement de la Peugeot qui va l'emmener à l'aéroport.
Un nuage de poussière envahit la cour. Au volant de la 504 : Lakdar, à son côté, Leila et deux des sœurs, sur la banquette arrière, les deux autres, l'oncle Fahim, tante Fatima avec le cousin Farid sur les genoux, enfin l'ancêtre Tahar. Il reste donc juste une petite place pour Nur Uyu. Il monte majestueusement dans la Peugeot et la voiture démarre.
C'est la deuxième fois que Nur Uyu voit les avions, les pilotes galonnés d'or, les hôtesses en bleu. Tout cela ne l'étonne plus, question d'habitude.
Lakdar et Leila ne parlent pas, ils scrutent le ciel. Très chics dans leurs habits bleus. Celui de Nur Uyu, noir depuis longtemps, a gardé un espace blanc de la taille d'un timbre.
Le micro se met à crachoter : « Le vol 753, en provenance de Roissy, est annoncé. »
Du calme ! Ce ne peut être celui de Yacine, parce que celui de Yacine vient de Belleville. Mais tante Fatima dit que l'aéroport porte peut-être un autre nom.
Tout à coup l'avion est là. Grand, blanc devant la barrière. Et des foules de gens en sortent. Ils sont tous gris et pas intéressants !
Leila et Lakdar pétrissent la barrière, ils ont les mains toutes rouges. On voit la pomme d'Adam de Lakdar

qui monte et descend, Leila est toute pâle, les filles tortillent leurs cheveux. Mais pour le cœur battant, c'est Nur Uyu qui bat tous les records ! 135 au moins.

Plus personne ne descend. Soudain une hôtesse apparaît sur la passerelle tenant par la main un grand garçon en jean. Avec une grosse étiquette autour du cou et un ballon de foot au bout du bras. C'est lui ! C'est Yacine surnommé Zizou ! Le goal volant ! Entre mille, Nur Uyu reconnaît la chevelure couleur de sable de son ami et son flegme. Son cœur bondit dans sa poitrine ! Lakdar et Leila sont raides et sans voix, blancs comme des astres !

Enfin, Yacine s'est jeté dans les bras de maman Leila, puis dans ceux de Lakdar, puis il a entouré les deux, puis ses sœurs qui rient, parlent, l'embrassent. On n'entend plus que « Fils ! Don du ciel ! Lumière de ma vie ! Doigt de miel ! Miel de mon cœur ! Yacine ! » Personne ne fait attention à Nur Uyu. Tout le monde s'essuie les yeux. Tout le monde, sauf Nur Uyuni. Il renifle avec discrétion. Il se sent seul.

Enfin, Yacine reste debout devant Nur Uyu sans rien dire. Nur Uyu envoie rouler du bout du pied un petit caillou qui se trouvait là et le cortège se met en route, s'enfourne dans la Peugeot, roule. À toutes les questions Yacine répond : « Ouais, génial. »

La voiture s'arrête. Tout autour, le ciel et le sable sont

roses. Un petit chacal posté en sentinelle, détale. Tout le village se presse autour de la Peugeot, pose les questions, fait les réponses. Même le maître est là sur le seuil de l'école. Quand il descend enfin majestueusement de l'auto, Nur Uyu sent quelque chose de poisseux adhérer à son derrière. Les beignets d'Aziza, elle en avait préparé pour l'arrivée, il s'est assis dessus !
Lakdar a les yeux brillants et un grand rire ; Leila, belle comme le jour, rayonne ; les sœurs, belles comme la nuit, sont aussi gaies que des cigales. Quant à Yacine avec son jean et ses baskets, il est un peu intimidant.
Il distribue les cadeaux : une tour Eiffel pour Leila, un pont sous la neige pour Lakdar, des tee-shirts pour les sœurs, des parfums pour les tantes, un livre pour le maître qui déclame : « Heureux qui comme Yacine a fait un beau voyage et est rentré plein d'usage et de raison, vivre près de sa famille… »
Enfin, le tour de Nur Uyu arrive ! Un paquet enrubanné de rouge.
Il bout d'impatience en défaisant les nœuds !
Quand tout est enfin déballé, incontestablement, c'est Nur Uyu, le roi de la fête. Avec son jean et ses baskets, on jurerait un nouveau prince du désert.
Il souffle dans son Malabar comme dans une trompette. Il arrive même à faire une grosse bulle qui se

colle sur son nez. Les narines chatouillées par les senteurs du couscous qui se prépare et va réunir tout le village pour un grand repas, il propose : « On fait un foot ? »
Aussitôt la partie s'engage avec les garçons du village, et même le fils de l'épicier, Ali. Il est dans le camp de Yacine et Nur Uyu. C'est un bon joueur. Le camp adverse a bien du mal.
À la mi-temps, les trois garçons sont si contents qu'ils pensent déjà aux prochains JO dans quatre ans. Leur équipe intégrera celle des collégiens du monde qui n'a pas encore de nom.
« Pourquoi pas les dromadaires ? demande Yacine, parce que les dromadaires sont infatigables, forts et amicaux, ce sont les princes des dunes.
— On est si forts, dit Nur Uyu, toujours modeste, qu'on pourrait aussi nous appeler les Malabars du ballon. C'est Jamel qui serait vert ! »
Yacine préfère les Dromadaires, ou les Loups du désert.
« Et pourquoi pas les Zizous du désert ? demande Ali.
— Il y aura même une équipe de filles, qu'on appellera les Addax car ces antilopes courent vite, résistent à la soif et à la chaleur et sont les princesses du désert ! » crie Nedjma qui leur apporte de l'eau et exceptionnellement des boissons avec des bulles.

Avec les sœurs de Yacine et leurs amies, maintenant, elles jouent au ballon.
Mais Nur Uyu montre le cadran électronique et siffle un grand coup. Il est temps de reprendre.
La tête sous les étoiles, Yacine garde les buts. Il est heureux d'avoir retrouvé le ballon, sa famille et ses amis. Même si tout lui paraît soudain plus petit. Le village, la fontaine et même ses parents et Nur Uyuni. Et même Ali.
C'est peut-être lui qui a grandi.

Imprimé en France par

CPI
Brodard & Taupin

La Flèche (Sarthe), le 26-08-2009
53870 - Dépôt légal : septembre 2009
Texte intégral